人文叢書 社會類

2009盼望的一年

沒有經濟發展，
就不會有民主；
沒有民主進步，
人民就不會快樂，
國家也不會繁榮。

陸以正 著

三民書局

國家圖書館出版品預行編目資料

盼望的一年／陸以正著.－－初版一刷.－－臺北市：
三民，2010
面；　公分.－－(人文叢書.社會類8)

ISBN 978-957-14-5336-1　(平裝)

1.言論集 2.時事評論

078　　　　99006344

© 盼望的一年

著作人	陸以正
責任編輯	郭佳怡
美術設計	陳宛琳
發行人	劉振強
著作財產權人	三民書局股份有限公司
發行所	三民書局股份有限公司
	地址　臺北市復興北路386號
	電話　(02)25006600
	郵撥帳號　0009998-5
門市部	(復北店) 臺北市復興北路386號
	(重南店) 臺北市重慶南路一段61號
出版日期	初版一刷　2010年5月
編號	S 811530

行政院新聞局登記證局版臺業字第〇二〇〇號

ISBN 978-957-14-5336-1　(平裝)

http://www.sanmin.com.tw　三民網路書店

自序

本書書名不是我取的，而是遠東集團斥資一億五千萬元設立的「徐元智先生紀念基金會」公開徵求能代表二〇〇九年的一個字，邀請民眾投票選出來的。

怎麼選法呢？由前台大校長孫震為董事長的該基金會，邀請各界人士提出十個字，另由民眾投稿提出二十個字，總共三十個字，請大家投票決定。今年總共有五萬八千零四十四人參加投票，其中五千四百一十七票投給「盼」字，雖略低於十分之一，仍居鰲頭。公布之後，人人悅服。因為它與代表二〇〇八年的「亂」字，形成強烈的對比。

拿「亂」字形容民國九十七年，一點兒也不冤枉。就國內政治而言，貪汙腐敗的陳水扁一家，雖然輸掉選舉，「窮得只剩下錢」，還有許多死忠的深綠群眾，緊閉雙眼，只為台獨理念支持他，至死不渝。

而馬英九以獲得7,658,724票、占投票總數五八．四六％之姿，當選總統，足以證明年輕一代的台灣人早已拋棄了省籍觀念的舊包袱。民進黨雖然堅決否認這位「香港出生的中國人」有資格贏得大選，終究無法扭轉大局。

天下什麼事都有專科學校可去進修，唯有怎麼做總統是例外。馬英九新手上路，難免跌跌撞撞。用算命先生的說法，不管他的命怎麼樣，這兩年他的運氣實在不佳，所謂流年不利是也。國內外發生的一連串大事，即使他有通天本領，也難應付。何況馬又是學法律的「死腦筋」，不會轉彎，也不肯敷衍人；有時見樹而不能見林，捉襟見肘，在所難免。

二〇〇八年九月，華爾街吹起八十幾年來最猛烈的金融風暴，衝擊全球各國，無一能夠倖免。台灣雖然受傷較輕，卻接著有八八水災與新流感肆虐。雖非政府所造成，劉兆玄內閣仍提出總辭，以示負責，馬英九的民調支持度直直下落。因此我把蒐集那年所寫文章的書，定名為「大風大浪　舉世惶惶」，意在刻劃出大環境的動盪不安。

二〇〇九年雖然也亂糟糟，天際究竟露出了一線曙光，稱之為「盼望的一年」，頗為恰當。「盼」字本有「盼望」、「盼禱」之意；也包含「幸福」、「祝福」、「不放棄」與「勇於追求理想」的含義。拿來形容過去一年，誰曰不宜？

本書共收一百零二篇文章，其中，《中國時報》固定每星期一刊出「陸以正專欄」，僅春節停刊例外，故有五十一篇；《聯合報》去年在A5版特闢「名人堂」橫欄，也邀我在每個月中前後寫有關國際的問題，因而本書所收各篇，仍以討論國際事務者居多。希望能藉此稍補國內媒體只注視國內吵吵鬧鬧的政壇而忽略國際大環境之不足。

凡認同中華民國、以台灣為家的人，不問家世、出身、黨派或省籍，無不關心政府施政的得失。孟子創「民心向背」之說，所謂「得民心者得天下，失民心者失天下」，不限於封建時代，民主制度下同樣適用。去年裡，馬英九聲望之低落，除受外在環境影響，他不食人間煙火的「理想主義」，也不能推卸責任。本書第八十三篇〈三個都會區　絕不可行〉一文，是郝柏村、王作榮兩位和我的共同意見，商量後由我執筆，便是一例。

快到年底時，大家都感覺馬總統的領導能力出了問題。《聯合報》民調顯示，國民黨選舉失敗有三大原因：中央執政成績欠佳、政策失當和民眾對馬個人的不滿。十二月八日，我寫了篇〈領袖魄力 挽回不信任投票〉，在該報「民意論壇」刊出。

該文坦言：首先，馬上任年餘以來爭取綠營選民，反而得罪了兩年前投票給他的藍營，以致選票大量流失。其次，他每天東奔西走，行程滿檔，似乎還在競選，殊無必要。最要緊的是，他雖然追隨蔣經國這麼久，似乎沒學到蔣的治國之道。他必須表現出更多的領袖魄力，才能挽回地方選舉的失敗。

不到三個星期，他把金溥聰從美國找回來擔任國民黨祕書長。這絕非任何個人的功勞，而是他所遇見的人，人同此心，使他從善如流的結果。有一位在台北市政府和他共同打拼的夥伴在旁，馬英九果然顯得更有決斷力，更能適應台灣七張八嘴、吹毛求疵的環境。

本書所收除兩大報外，有幾篇散見於其它刊物。第七十七與七十八兩篇是前年去外蒙旅行後所寫，刊於九十八年四月號的《歷史月刊》。此外尚有幾篇零星雜文，如〈王柏生畫集序〉、吳兆南〈百丑圖序〉也都收入，不過敝帚自珍而已。

民國九十九年三月二十九日・台北

盼望的一年

目次

一、今年十大新聞　好事比壞事多

（原刊九十八年十二月二十八日《中國時報》時論廣場）

一年又過，最能代表今年的漢字，大家票選出來是「盼」字。回顧一年來足以影響在台灣每個人的事，變化不可謂不大。人民既有盼望，可以證明整體而言，好事比壞事多。選出下列十條新聞，只是我個人的感受，讀者自然會有不同意見。

一、水災與流感　全台均受害

莫拉克颱風帶來八八水災，橫掃中南部，死亡及失蹤者超過六百五十人，劉兆玄內閣為表示負責而辭職。而Ｈ１Ｎ１流行性感冒，至今還在肆虐。兩者都是天災，並非人禍。就流感而言，台灣還算幸運，雖有不少人受感染，死亡未超過兩位數字。據說感染者每週增加四千餘人。政府開始替全民施打預防針，至今已有八百九十萬人打過了。

二、馬英九政績　考驗藍陣營

去年三月當選總統，五月就職的馬英九，一年半有餘的政績，毀譽參半，八八水災與經濟困境，都成為他肩頭的重擔。月初的「三合一」選舉，是選民對馬個人的不信任投票。許多人怪他妄想爭取民進黨的鐵票，無異做白日夢，反使藍營票源大量流失。找金溥聰回來做國民黨祕書長，表示總統也瞭解人民對他的施政成績，頗為不滿。

三、歐巴馬旋風　成就待檢驗

美國史上第一位黑人總統，就職不滿一週年。平易近人，辯才無礙，歐巴馬 (Barack Obama) 的民意支持度歷久不衰，在國外從日本到非洲，都有人為他瘋狂。他一面對反美的伊斯蘭狂熱分子說理，一面再度增兵阿富汗。他以反對出兵伊拉克起家，做總統後卻繼續小布希 (George W. Bush) 的強硬政策。他在哥本哈根的表現雖招致批評，聖誕節前參議院通過健改法案，是他一大勝利。

四、各國救經濟　股市仍疲軟

去秋九月開始的金融風暴，刮了一年多，只略為轉緩，並未完全消失。有人說美國經濟已探谷底，回升有望。到今年年底，究竟會跌幾個百分點，言人人殊。財政部長蓋特納 (Timothy Geithner) 與聯邦儲備會主席柏南克 (Ben Bernanke) 也不同調。影響所及，世界各國經濟仍萎靡不振，只有中國大陸、印度與南美洲例外。

五、大陸與美國　全球稱兩強

經濟是「軟實力」基礎，中國一枝獨秀，今年可達八．三%的成長率。上月歐巴馬訪問上海、北京，與胡錦濤發表聯合聲明，充分反映世上只有兩個名實相符的超級強國，因而國際間創出個新名詞「G2」。

六、阿扁雖下台　官司打不完

總統換人已過一年半，但陳水扁全家仍在替媒體製造炒不完的新聞。二十四日特偵組起訴了五案二十二人，有結案之意，只留下辜仲諒一條小尾巴。當年的權貴富商，從林德訓、馬永成到蔡鎮宇、馬志玲，均未倖免。陳水扁續遭羈押，保釋無望。吳淑珍貪婪無厭，萬人唾棄。陳致中與黃睿靚在國外洗錢，藏匿非法所得，他們入獄的日子快到了。

七、高峰會盛行　領袖疲奔命

去年至少有二十次以上的「高峰會」，完全取代了傳統式外交。任何問題不論大小，非等各國總統或總理聚在一起開高峰會，似乎無法解決。外交部長變成跟班，大使只能躲在幕後討價還價，起草文件。流風所及，聯合國的功能大打折扣，似有被G20取代傾向。

八、中東與中亞　戰火難澆熄

伊朗、伊拉克、阿富汗、巴勒斯坦，如今又加上巴基斯坦北部疆界，過去一年戰火仍然猛烈，不見和平曙光。歐洲各國早已抽腿，連日本都撤走以人道救援為主的海上自衛隊，只剩美國獨撐大局。除非能改變伊斯蘭信徒的宗教狂熱，中東問題似無解決之望。

九、兩岸談合作　路遙勿著急

馬英九既不會賣台，也不會推動與大陸統一。政府遷台雖已六十年，兩岸交流從未有今日這麼順暢。陳雲林來台開第四次江陳會，被民進黨想盡花樣抗議阻擾，超過可以容忍的極限。蔡英文領導民進黨雖漸成熟，她哪裡管得了「台灣國」那批激烈分子？目前兩岸只需從經濟入手，簽訂與自由貿易協定效果相同的ECFA，使國內企業免受東協10＋1的威脅，其餘都可以慢慢來。

十、花邊新聞多　稍減嚴肅感

回首這一年，大新聞雖然壟斷報紙版面，也有不少花邊新聞，調劑讀者心情，聊博一粲。國外如搖滾樂天王麥可傑克森(Michael Jackson)之死，是否服禁藥過量所致？老虎伍茲(Tiger Woods)究竟和紐約社交界多少名女人上過床？成為茶餘酒後的熱門話題。在台灣，倒楣的吳育昇也難逃此劫，媒體應該放過他了。

二、峇里論壇受冷落

（原刊九十八年十二月二十一日《中國時報》時論廣場）

十二月中旬，在印尼峇里島舉行了一次類似高峰的會議，主辦國是日本與印尼。日本是世界第三經濟大國，由首相鳩山由紀夫親自率團參加。而印尼是全球最大的伊斯蘭國家，由總統尤多約諾（Susilo Bambang Yudhoyono）與鳩山兩人擔任共同主席。派員參加者號稱有三十六國，無論從什麼角度觀察，這都是一次重要的國際會議。

令人費解的是，這樣一個會議，不僅台北各報未見一字，連世界性大報如《紐約時報》（The New York Times）和《國際先鋒論壇報》（International Herald Tribune）也未刊載消息。我起先猜想，或許因為它的名稱是「峇里民主論壇」（Bali Democracy Forum），而非高峰會，因而未受注意。但民主也很重要啊，而且今年已是第二屆了，去年也是十二月十日與十一日在峇里島召開，由澳洲總理陸克文（Kevin Rudd）與尤多約諾總統兩人共同主持。

今年既再度舉行，為何報導比去年少很多？其實這個會出席的還有阿富汗、澳洲、亞賽拜然、孟加拉、汶萊、中國、印度、伊拉克、約旦、哈薩克、南韓、科威特、吉爾吉斯、寮國、黎巴嫩、馬來西亞、馬爾地夫、蒙古、緬甸、尼泊爾、紐西蘭、巴基斯坦、巴布亞紐幾內亞、菲律賓、卡達、沙烏地、新加坡、斯里蘭卡、敘利亞、塔吉克、泰國、東帝汶、烏茲別克和越南。

派觀察員的十三國分別是：奧地利、比利時、加拿大、德國、義大利、荷蘭、挪威、葡萄牙、西班牙、瑞典、瑞士、英國和美國。

澳洲派內政部長 Brendan O'Connor 為代表。紐西蘭派的是土著女性、主管島嶼事務的部長 Hon Georgina te Heuheu。觀察員的美國，派主管政治事務的國務次卿柏恩斯 (William J. Burns) 列席，層次都很高，可見西方國家對這個會議的重視。

印尼極力想把會議提高到「峰會」的層次，不知何故未能如願。結果只找來兩位國際場合的生面孔：一位是汶萊的蘇丹（Yang Di-Pertuan，即「國王」之意）哈桑那爾（Haji Hassanal，以下還有十七個字都是他名字的一部分）。他的御用報紙《汶萊快報》(*Brunei Bulletin*) 把這篇演說捧上了天，肉麻得難以讀下去。另一位更少參加國際會議的領袖，是慣受歧視的東帝汶 (Timor-Leste) 總統古思茂 (Xanana Gusmao)。東帝汶原為葡萄牙屬地，與印尼文字語言不同，常受排擠，歷盡辛酸，七年前才在聯合國保護下獲得獨立。古思茂總統能參加峇里民主論壇，外交部長達科思塔 (Zacarias Albano da Costa) 並參與小組討論，也打破過去被印尼封鎖的紀錄。

印尼人做事馬虎，會議結束後一星期，印尼外交部網站才登出尤多約諾總統的演講詞，內容分三十六點，都是老生常談，官腔十足。論其內涵，無法與共同主席鳩山由紀夫的開幕詞相比。這也難怪，印尼既是主辦單位，當然應刊登本國總統的講話。

日本外務省官方網站上有鳩山首相以共同主席身分，在開幕式上的演講。民主黨的鳩山三個月前才登上首相寶座，顛覆了壟斷日本六十幾年的自民黨派閥政治。他雖出身政治世家，但誕生時日本已經戰敗，沒有心理包袱，真正擁抱了民主價值。兩天的「峇里民主論壇」裡所有的發言，沒有一篇能和他的相比。

正因為他沒有包袱，鳩山首相的英文開幕演講詞，切合會議主題「推動亞洲民主與發展的共生關係」(Promoting Synergy between Democracy and Development in Asia)。他從共同安全出發，分析宗教歧視與種族對立的現象，提倡「友愛」(原文為 yu ai) 精神。

他強調亞洲各國正以不可抵抗的速度，走向民主和平之路。在這段過程裡，各國因環境不同，傳統各異，要轉型成為民主國家、同時發展文明社會，各國進度的快慢自然有差別。他舉本國為例，民主黨與自民黨的政權輪替，在日本歷史上亦屬罕見。這番話顯然在為中國大陸留些顏面，因而他接著就期許說：北京應在民主、人權與其他方面更求進步。

他隱約地規勸地主國印尼：預算程序必須透明化。談到緬甸與北韓，他毫不客氣地指責兩國的獨裁政權，應為該地區的不安定負責。他說：今年十一月，日本邀集湄公河流域各國在東京舉行高峰會議。今後日本將增加對東南亞各國的經濟援助，暗示日本對各國的經濟援助，將視各國民主化進度，調整數額的多寡。

鳩山的警語是：「沒有經濟發展，就不會有民主；沒有民主進步，人民就不會快樂，國家也不會繁榮。」能說出這話的人，足以當「高瞻遠矚」四字而無愧。

三、敵友難分的美中關係

（原刊九十八年十二月十六日《聯合報》名人堂）

進入二十一世紀後，國際關係最大的變化是中國崛起。其分水嶺則是今年十一月十五日至十八日，歐巴馬到中國的國是訪問（State Visit）。他和胡錦濤二人，以世界兩個超級強國元首身分，簽署了長達三千餘字的《中美聯合聲明》，氣燄萬丈。俄國與歐盟雖然也擁有核子武器，只能在旁乾嚥口水。

那篇聲明裡，大陸拋棄了奉行六十年的「不干涉他國內政」的偽善外衣，對世界各個爭執地區，從近東的巴勒斯坦、中東的伊朗與伊拉克、中亞的阿富汗，到南亞的印度與巴基斯坦，坦白說明了中國的立場與政策。如此重大的改變，使國際觀察家目瞪口呆。

兩國都擁有世上最大核武軍火庫，國外專家們因此相信，中美合則兩利，分則兩蒙其害。由此誕生出今年最紅的新名詞，叫做G2。原來的G5、G8或G20，乃至聯合國，都請靠邊站。他們認為今後主宰世界命運的，只有這兩個超級強權，任何事要北京和華府點頭，才能算數。

美國人真有這麼天真，願意放棄從二次大戰結束到現在，在國際上呼風喚雨六十五年的優越地位嗎？只要看歐巴馬總統又在阿富汗增兵，誓必掃滅蓋達殘部，就可知山姆大叔不會輕易放棄辛苦贏來的世界唯一超強的旗幟。

瞭解美國國內政治的人，都知道僅就兩黨政治而言，民主黨不可能在國外示弱，因而影響它二〇一二總統大選的得票率。美國國內的保守派，更不肯讓這位他們內心難以接受的黑人總統，把全球唯一領袖的美名，拱手讓人。

美國當前的對華政策，口頭上雖然恭維備至，骨子裡卻步步設防。唯一例外是過去被譽為「不沉航母」的台灣。對華府而言，台灣已不再有戰略價值。這也是美國樂見兩岸關係緩和，加強對話與交流的原因。如果民進黨仍在執政，反而會成為美國的包袱。

美國的新「島嶼防線」，是從日本、關島，南下到澳洲，以琉球為突出的最前線，連帶使南太平洋幾個小島也沾了光。美國太平洋艦隊的潛艦，如今以關島為前進基地，吃定了大陸潛艦數目雖多，卻因缺乏空軍保護傘，難以挑戰美國海軍與日本海上自衛隊的優勢。

在國際政治方面，華府的大戰略，是塑造日本、印度與澳洲的共同陣線。東京外務省忽然查出「美日密約」文件，有藉以鞏固鳩山政權的作用。籍隸民主黨的鳩山由紀夫，提出所謂「東亞共同體」的構想，分明是二戰時日本軍閥「東亞共榮圈」的翻版。

印度樂得左右逢源；總理辛格(Manmohan Singh)上月剛訪問北京，隨即又到華府作客。到中國是自抬身價，去美才是密商不具形式的美印連盟。呼之欲出的假想敵，除中國外，別無他人。

總結一句話，美中關係可形容為「非敵非友」，也可說「亦敵亦友」，難解難分，目前相當穩定，未來有無變化，只有天知道。

四、巴西左轉 震驚南美

（原刊九十八年十二月十四日《中國時報》時論廣場）

金融風暴持續一年半，美國經濟成為一本理不清的爛帳。舉目全球，似乎除中國大陸外，無人能得倖免。許多人原以為南美洲仍是一塊淨土，在廣達一千七百八十四萬平方公里上的十三個國家，日子過得似乎很不錯，其中巴西更是世外桃源。

一九六〇年代我初訪南美，除當時仍為殖民地的蘇利南（Suriname）與圭亞那（Guyana）外，走遍其餘各國。對物產之豐富與生活之低廉，印象深刻。在阿根廷首都布宜諾斯艾利斯（Buenos Aires，意為「空氣清新之處」）旅館早餐，厚幾一吋的頂級牛排，竟然與兩煎蛋價格相同。

那時巴西首都剛從里約熱內盧（Rio de Janeiro，葡文，意為「元月之河」），遷到巴西利亞（Brazilia），我特地飛去參觀它的建設。這個全新城市真是氣象萬千：所有大馬路兩側各有四線道供轉彎車輛使用，中央的六線道遇到十字路口時，橫交道若不走地下，就是高架橋，暢通無阻，自然也毋需警察指揮交通。試想如果台北的十字路口都沒有紅綠燈，開車族會多麼高興。

巴西的工業大城聖保羅（Sao Paulo），有數千大陸變色時，逃難到那裡的有錢華人，他們來自各個省，在那裡享清福。現任僑聯總會理事長簡漢生的父親，就是那時移居巴西的。祖籍雲南的簡漢生本人，一九八三年才當選僑選立法委員，回到台灣。

南美洲面積如此廣大，總人口卻只三億七千一百萬人。它得天獨厚之處，不僅是因為土地肥沃，農產豐富。巴西的亞馬遜河流域，還有全球僅存的熱帶雨林。同樣值得珍貴的，是地下埋藏的礦產，委內瑞拉、哥倫比亞和巴西都盛產原油，巴西更有金、錳、鉀、鎳、鈾與各種寶石，它的鐵礦蘊藏量達四百八十億公噸，唯一缺少的是煤礦，過去要向歐洲購買，現在則用燃油替代了。

南美人的生活水準不比台灣差。拿國民生產毛額（GDP）比較，按購買力平價（PPP）計算的話，巴西、智利、阿根廷、烏拉圭和委內瑞拉的個人平均生產毛額都在一萬三千至一萬四千美元左右，和台灣前年相等，現在台灣恐怕落在它們後面了。

真正令人豔羨的是它們的經濟成長率。拉丁人比較懶散，去年的數字尚未計算出來。估計的成長率著實可觀，祕魯高達九．八％，阿根廷八．七％，委內瑞拉八．四％，哥倫比亞和烏拉圭均有七．〇％，巴拉圭六．四％，厄瓜多六．三％，蘇利南五．五％，巴西和圭亞那各有五．四％，智利五．〇％，最窮的玻利維亞也有四．二％。

南美最基本的問題是貧富不均，高失業率使得富者愈富，貧者愈貧。情形最嚴重的是毒品王國哥倫比亞，有一一．二％人口失業，更有四九．二％生活在貧困線（Poverty Line）以下。土人稀少的巴拉圭，仍有五．六％人失業。巴西總人口一千九百二十一萬七千人中，原住民只有〇．四％，還不滿五十二萬人。五年前，巴西失業率曾高達一二．三％，現已減至七．九％。

貧富不均，導致拉丁裔有錢人好吃懶做，積欠外國銀行的債務數字驚人。巴西雖有這麼高的成長率，但歷年來積欠外債高達二千三百億美元，幾乎超過阿根廷一倍；南美其餘各國都不滿四百億美元。巴西人尤其謊話連篇，本月初標準普爾 (Standard & Poor) 提高了巴西債券的等級，但市場卻文風不動。原因很簡單，炒作拉美各國證券的業者心裡清楚，標準普爾評定市場等級的經濟專家必定有問題，才會給它如此離譜的 BBB- 評等。

果然，原想從證券市場上撈一票的巴西總統魯拉 (Luiz Inacio Lula da Silva) 見此計不逞，一不做二不休，索性做出向左轉的大動作。十一月底，他邀請美國的死對頭——伊朗總統馬赫穆・阿瑪迪內賈德 (Mahmoud Ahmadinejad) 到巴西做國是訪問；算準了這會使華府怒氣沖天。

這步棋厲害之處，在於南美洲本已淪入左傾陣營。自從委內瑞拉的查維茲 (Hugo Chavez) 總統上台，挾其輸出石油獲得的大批美元，以反美為唯一職志。他把古巴的卡斯楚 (Fidel Castro) 兄弟與尼加拉瓜的奧蒂嘉 (Daniel Ortega)，引為同志。又有南美第一位土著當選的玻利維亞總統，對所有白人都深懷敵意的莫拉瑞斯 (Evo Morales)，從旁推波助瀾，拉丁美洲向左傾斜，已成不可扭轉的趨勢。

有人認為，智利女總統巴契麗 (Veronica Michelle Bachelet Jeria) 本來就是左派，多一個也沒什麼關係。不知巴契麗的社民黨遵循的是溫和社會主義，與革命性的極端左派不可同日而語。魯拉這步險棋，美國賣不賣帳，大家且等著瞧。

五、領袖魄力　挽回不信任投票

（原刊九十八年十二月八日《聯合報》民意論壇）

事先沒有人會想到：一場選戰，竟然對國民黨與馬英九而言，出現兩年來最大的政治危機，還不限於聲望而已。

《聯合報》的民調，民眾認為國民黨選舉的失敗，須歸咎於三大主因：中央執政成績欠佳，政策失當，和對總統個人的不滿。最後這部分可稱為對馬英九個人的「不信任投票」。

前述三點印象是否正確，不在本文討論範圍之內。但馬英九如想在二〇一二年再度競選大位，必須重視這個警訊，思考如何才能改變這些錯誤的印象。

首先，馬總統應該把對他失望的藍營選民找回來。他當選後的許多作為，用意在做一個「全民的總統」。換句話說，馬蕭配雖然得到七百多萬票，還有五百多萬票是投給謝蘇配的。馬想把綠營選民，藉誠意與國家認同感，轉變成支持他的票。這番心意原本無可厚非。但事與願違，他不但沒拉到綠色選票，反而得罪了深藍選民，選票大批流失。

其次，從總統每日東奔西走，塞得滿檔的行程看來，難免使人誤以為他還在競選。其實自去年五月就職到現在，已經過了一年七個月。他實在沒有必要再每天下鄉，慰問受災民眾，或到小學去滿足孩子們的好奇心。

最後，他雖然追隨蔣經國這麼久，似乎沒學到蔣的治國之道。他是個「法律人」，謹守《憲法》分寸，對立法院的職權非常尊重，也從不干預司法，都是值得稱道的特質。但古人早就說過，「徒法不能以自行」。台灣在民主道路上走得跌跌撞撞，還有許多不上軌道的人與事。

人民期望於總統的，是能抓住重點，雷厲風行，展現更多的「領袖魄力」。至於其間分寸如何拿捏，就要看他的政治智慧了。

六、全球注視哥本哈根

（原刊九十八年十二月七日《中國時報》時論廣場）

全世界報紙今天的頭條新聞，肯定聚焦在哥本哈根（Copenhagen）。因為聯合國主持下的全球氣候變化會議（UN Climate Change Conference）將在丹麥首都的貝拉會議中心（Bella Center）正式開幕。聯合國一百九十二個會員國，已知有九十二國將由總統或內閣總理親自出席，因而也可能是人數最多的高峰會。但如細研會議日程，就可知道會期號稱十二天，從十二月七日要開到十八日的這場會議，前十天都是專家和官員討價還價的閉門磋商。只有最後兩天，各國領袖雲集，才會知道有無結果。以美國歐巴馬總統為例，他雖然在九日就到丹麥，表示對問題的重視；其實是本週四他要到瑞典首都斯德哥爾摩（Stockholm）去接受諾貝爾和平獎，順道而已。

真正為這個地球該如何面對挑戰、應付氣候變化問題盡力的人，是奧地利出生、卻保持荷蘭國籍的德布爾（Yvo de Boer）。他是《聯合國氣候變化架構公約》（UN Framework Convention on Climate Change，簡稱UNFCCC）的執行祕書。

這是個吃力不討好的差事，儘管他曾在荷蘭政府的住宅與環保部主管過國際關係與氣候變化等部門，特別是有關《京都議定書》的實施事宜，但各國環保人士中的激烈分子，都批評他對應為全球暖化負最大責任的美國過分寬容，委曲求全。

所謂溫室氣體，包括許多種類：除二氧化碳 (Carbon Dioxide, CO_2) 外，還有甲烷、氧化亞氮、六氟化硫等。《京都議定書》的「附件一」列舉三十七個已開發國家，和它們同意減少排放溫室氣體的數量，其餘各國都已照表實施了。唯有美國，不但是排放溫室氣體最多的罪魁禍首，更是聯合國一百九十二個會員中，獨一無二尚未批准《京都議定書》的國家。

十二年前，一九九七年在日本京都簽署的這份《議定書》，依照國際公約常規，須有一半以上簽署國各依本國法律規定批准，存放聯合國祕書處後，始能生效。這一步就花費了七年；二〇〇五年起有了拘束力。迄今為止，一百八十七國，外加歐盟，都已完成所有手續。

唯一的例外，是溫室氣體排放量如與一九九〇年相比，占全球三六・一%，亦即超過三分之一的美國，雖已簽署《京都議定書》，參議院至今還拖拖拉拉，尚未審查通過。但如沒有美國，任何公約、條約、議定書或協定，不過是張廢紙而已。

《京都議定書》談判時，各國已預料到實施時會有困難，因而想出所謂「彈性機制」(Flexible Mechanisms) 與「清潔發展機制」(Clean Development Mechanism，簡稱CDM)。其作用是富有國家排放超過規定數量者，因為世界是一體的，可以拿錢向沒用完排放量的國家買配額。

《議定書》「附件一」各國中，日本、加拿大、義大利、荷蘭、法國、德國與西班牙等，為此紛紛設立「碳基金」(Carbon funds)，向附件一以外的國家洽購用不完的排放量。從十二年前到今天，為執行《議定書》的嚴格規定，已經召開過十四次會議。這回在哥本哈根開的是第十五次，因而大會又稱為「簽署各國的第十五次會」（15th Conference of the Parties，簡稱COP15），我也費了許多時間才搞清楚它的含意。

兩年前也在十二月，UNFCCC在印尼峇里島開會，通過所謂「峇里路線圖」(Bali Roadmap)和「峇里行動計畫」(Bali Action Plan)，訂出詳細規範，要求各國遵行。今年三月，為準備十二月的大會，先在哥本哈根同一地點召集各國專家，開名為「氣候變化：全球危機、挑戰與決策」(Climate Change: Global Risks, Challenges and Decisions)的會議，性質等於大會的預備會議。

歐盟對氣候變化的態度最積極，堪為表率。今年元月歐盟執委會就發表政策文件，題為《從哥本哈根走向全面氣候協定》(Toward a comprehensive climate change agreement in Copenhagen)。美國總統歐巴馬不甘示弱，已經承諾美國要以二〇〇五年的排放量為基礎，在二〇二〇年減少一七%；到二〇三〇年減少四二%；最後在二〇五〇年減少八三%。

中國大陸也答應到二〇五〇年，比二〇〇五年的基數減少四〇至四五%，但是又耍了個小手法，把台灣的排放量一併納入。媒體報導後，引起一些批判；但這問題太複雜了，有興趣的讀者不多，沒引起任何風波，這就是台灣。

七、歐盟的夢

（原刊九十八年十一月三十日《中國時報》時論廣場）

明天是十二月一日，歐洲人夢想已六十餘年的統一大業，將跨出一大步。因為兩年前簽署的《里斯本條約》（*Treaty of Lisbon*），經過一波三折，要正式生效了。

與此同時，由歐洲議會選出的前比利時總理范宏畢（Herman van Rompuy）將就任歐盟新理事會主席，相當於歐洲第一位總統；而英國上議院女議長阿希頓（Baroness Catherine Margaret Ashton）則將出任歐盟外交與安全部長。這些變遷說來似乎全不費力，實際卻經過多少年的交涉折中，才能實現。

歐洲人的夢想，是把歐盟會員國整合起來，與美國和中國分庭抗禮，鼎足而三。這二十七個歐洲國家，總面積四百三十二萬餘平方公里，比美、中都小；總人口五億，只比美國多，比中國則望塵莫及。但如就經濟力而言，國民總生產額達一百五十二兆美元，個人年平均所得逾三萬六千美元，都超過美國；更別提中國了。

兩次世界大戰都從歐洲開始；痛定思痛，歐洲人開始覺悟了。因此在五〇年代，有識之士如法國 Jean Monnet 與 Robert Schuman（與十九世紀音樂家 Schumann 不可混為一談，後者姓末有兩個 n）、比利時的 Paul-Henri Spaak 與義大利的 Alcide de Gasperi 等人提議，從煤、鐵兩樣最重要的工業原料著手，成立「歐洲經濟共同體」(European Economic Community，簡稱EEC)；由此衍生「歐洲關稅聯盟」與「歐洲原子能共同體」(Euratom)，奠立了聯合歐洲各國的基礎。

EEC創立時，會員國只有比利時、法國、義大利、盧森堡、荷蘭與西德六國。十八年後，即一九七三年，丹麥、愛爾蘭和英國才加入。挪威本想加入，卻在公民投票時被否決。已加入的九國並不氣餒，各自選出「歐洲議會」議員，在法國Strasbourg開會。

一九八一年，希臘加入。又過了五年，西班牙和葡萄牙入會。一九九〇年鐵幕瓦解，兩德統一，西德原為會員，發言權因而更大。三年後歐盟通過的《馬斯垂克條約》(*Treaty of Maastricht*)生效。又過了兩年，奧地利、瑞典和芬蘭才加入。歐元(Euro)是五〇年代末才有的名詞，原只指存在歐洲的美元，現已成為歐洲統一的通貨，採用者有十六國，幣值比美元高。英國起初還不肯放棄英鎊，後來才改變主意。如此一步步走向統一，辛苦可想而知。

二〇〇四年，從馬爾他到賽普拉斯，從捷克到匈牙利，有十個國家整批加入歐盟。剩餘的羅馬尼亞與保加利亞三年後跟進，歐盟才達到今天二十七個會員國的規模。入會最久的原始會員國為推動全歐統合，歷盡辛酸。二〇〇一年首次提出的《歐洲憲法》，被法國和荷蘭公民投票否決；過了七年才提出的《里斯本條約》於二〇〇八年七月也曾被愛爾蘭人民否決。

歐盟改變制度之難，在於二十七個成員都是主權獨立國家。任何朝向歐洲統一的步驟，必須獲得所有各國依照憲法程序的正式批准，然後把換文送交歐盟總部「存放」(Deposit，外交專用名詞)。各國人民對遠在比京的歐盟官僚有不信任感。原因之一說來好笑，因為歐盟所有文件必須翻譯成二十七種文字，人員中最多的是翻譯。其餘的歐洲公務員坐在比京，要拿出全歐俱可適用的法律規章，本非易事。要贏得二十七國人民的信賴，更加困難。

因為這些原因，歐洲憲法一直拖到最近，才峰迴路轉。今年十月二日，愛爾蘭為《里斯本條約》再度舉行公投，上次有五八％民眾反對，這次卻有六七％贊同，扭轉局面。四週前的十一月三日，捷克總統克勞斯（Vaclav Klaus）依照該國憲法賦予的職權，批准該條約，使批准國家超過半數，前文所稱「跨出一大步」終於實現。

歐洲如真統一，如何融合二十七個歷史、文化、傳統、信仰各異的國家，比過去六十幾年裡遭遇的困難，還要加上幾倍。歐洲議會早已開始研究怎樣統一修改各國不同的民法、商法甚至刑法，但不知要等到何年何月，才能在全歐適用。

歐洲雖已成為單一市場，各國人民、貨物、服務與資金可以隨意流通，不受限制。但要變成一個國家，還有很長一段路要走。現在雖有總統和外交兼安全部長，離中央政府還遠得很。歐盟現有機構包括歐洲上議院（European Council）和眾議院（European Parliament，簡稱 Europarl 或ＥＰ）、歐盟執行委員會（European Commission）、歐洲法庭和歐洲中央銀行，但要與美、中分庭抗禮，恐怕還要等一、二十年。

八、美牛假議題　薄瑞光說對了

（原刊九十八年十一月二十五日《聯合報》民意論壇）

美國在台協會主席薄瑞光前天拜會王金平，並與蔡英文爭論了七十分鐘；昨天見了馬總統。除對我方官員就歐巴馬訪問中國作詳細簡報外，另一談話主題就是美國牛肉進口問題。

他雖未點名民進黨或受綠營影響的民間團體，但明白指出：反對進口美國牛肉是個「假議題」。此話值得鼓掌。

台灣每逢選舉，總有許多似通非通、光怪陸離的議題爆出來。誣指吃美國牛肉，會感染狂牛症，便是最近的例子。一般人不瞭解真相，連帶使牛肉麵店生意大受影響，真是冤哉枉也。

狂牛症起源於英國，英國十年來一百六十五人死於狂牛症，世界其餘各國總共死亡四十四人。絕大部分都在歐洲。美國人感染的有多少？答案是兩個人。

大家想想看，美國人口有三億之多，每天從高級牛排店到麥當勞，要吃掉多少牛肉？依照統計，去年美國宰殺的牛肉，總計達二百七十三億磅之多；此外美國並輸出了十八億八千萬磅牛肉。怎麼只有台灣一地在叫嚷，說美國牛肉不能吃，吃了會生病呢？

九、歐巴馬訪中 主客易勢

（原刊九十八年十一月二十三日《中國時報》時論廣場）

三十七年前的二月十七日，尼克森（Richard Milhous Nixon）先在白宮草坪向一千五百名學生演講，再與副總統、全體閣員與兩黨領袖道別後，乘直升機再換乘總統專機「美國革命精神」（Spirit of '76），途中在夏威夷和關島各停一晚，二十一日抵達北京，與毛澤東會談，重啟中美停頓二十三年的關係。我那時正在紐約工作，印象至今難忘。

尼克森之後，歷任美國總統除福特（Gerald Ford）外，都訪問過中國。歐巴馬是最勤快的總統，就任不滿十個月，已經出訪八次，去過二十個國家。他在十月十五日至十八日間的中國行，與尼克森訪華最大的不同，是兩國相對國力的變化。

時異則勢遷，尼克森時美國還是世界霸主，前蘇聯遠非其敵。尼克森當年意氣風發，自認為大戰略家，他打的「中國牌」是要聯中制俄。而歐巴馬卻如美諺所云「帽子拿在手裡」（with hat in hand），來乞討的模樣，因為中國擁有八千億美元的美政府公債。但這把刀兩面都有刃，美國經濟如果崩潰，中國雖有百分之九點五的年成長率，也難置身事外。

美國人看今日中美關係，也有兩種極端。保守派人士認為美國仍為第一強國。《國家利益》（*National*

Interest) 雜誌的卡本特 (Ted Carpenter) 指出：「美國雖然怕北韓發展核武，中國何嘗不怕日本變成核武國家？」意思是說美國加上日本，足以打敗中國還有餘。

在另一極端，我所見最逗笑的一句警語是：「歐巴馬也要學尼克森打『中國牌』，可是他手裡有老A嗎？」大陸頗知自我節制，溫家寶不喜歡「兩國論」(G2) 一詞，因為中國向來反對干涉他國內政，過去常惹得華府暴跳如雷。兩國處理國際關係的方法如此分歧，這回居然一反成例，與美國聯手介入世界各地，難怪新華社要用「新定位、新方向、新旅程」形容歐巴馬訪華成就；而最足以代表這個新方向的，莫過於長達三千餘字的《中美聯合聲明》。

台灣很少報紙刊載聲明全文，部分媒體甚至一字未提，只有《中國時報》撰寫社論介紹。如果細讀本月十七日下午二時發表的這篇聲明，會發現它也提到中美間少為人知的其他協議，如《科技合作協定》、《中美民航技術合作備忘錄》、《兩國農業部關於農業合作的諒解備忘錄》、與《中美關於加強氣候變化、能源和環境合作的諒解備忘錄》等。

《中美聯合聲明》分為六大段。除前言外，有：㈠中美關係；㈡建立和深化雙邊戰略互信；㈢經濟合作和全球復甦；㈣地區及全球性挑戰；㈤氣候變化、能源與環境。

就北京而言，這是史上第一次以兩大超級強國之一的身分，與美國共同表示對當前世界重要問題的看法。過去標榜的不干涉他國內政的國策，一轉身已拋到腦後。僅就這點而言，這篇聯合聲明的歷史價值，不言可喻。

此外，聲明也透露了許多其他訊息。如第一大段「中美關係」說，中央軍事委員會副主席徐才厚上將本月剛訪美歸來；解放軍總參謀長陳炳德上將明年也將訪美。隨後美國防部長蓋茲 (Robert Gates) 和參謀首長聯席會議主席馬倫 (Mike Mullen) 也要訪華。

台灣應該注意的是第二大段。標題雖用「戰略互信」字樣，其實主旨在台灣問題。中方強調此事「涉及中國主權和領土完整，希望美方信守有關承諾，理解和支持中方立場」，又說「尊重彼此核心利益對確保中美關係穩定發展，極端重要」。歐巴馬的對策是在公報裡含糊帶過，卻在美方記者會提起《台灣關係法》，企圖矇混過關。

談經濟的第三大段最無爭議；中方在人民幣匯率上堅不讓步，卻趁機刮了美國一頓鬍子；歐巴馬也只好答應「美方致力於將聯邦預算赤字降到一個可持續發展的水平」。為免使美國太難堪，這段重提了兩國戰略與經濟對話，G20與APEC高峰會，以資平衡。

國際觀察家最驚訝的，莫過於大陸卸下「不管別人家務事」的外衣，在第四大段裡首度對世界各個爭執地區，表示了明確態度：從裁減軍備到限制核武擴散，從朝鮮半島到伊朗，從阿富汗到巴基斯坦，乃至印度與巴基斯坦的宿仇，無不涉及，只避而不談中俄關係。

第五大段的氣候變化、能源與環保因為不會得罪任何人，無庸費詞。歐巴馬此行結果，無疑已公開承認中國的超強地位。這樣做對美國有益嗎？誰也不敢說。

十、炒緋聞　一窩瘋

（原刊九十八年十一月十九日《聯合報》民意論壇）

台灣媒體炒作新聞，多年來養成「一窩蜂」的習慣。電視台抄報紙，報紙回過頭來再抄電視，廣播電台則兩邊都抄。記者與編輯有截稿時間的壓力，又深怕漏掉新聞，常使一窩蜂變成旋風甚或颱風，無人能夠抵擋。

吳育昇與孫仲瑜的緋聞事件，便是小小一則新聞被炒作成超級颱風的最佳案例。我與吳委員僅有數面之緣，談不上交情二字；與孫小姐更從未同桌吃過飯。或者因為上星期別無其他重要新聞，使他們一夕間變成十手所指的焦點，連帥化民委員都無緣無故地被扯進這個漩渦。雖然就吳委員而言，他是咎由自取，但平心而論，媒體炒作得確實過分了。

吳育昇當然犯了錯，那是他和妻子劉娟娟兩人的事，與國家或社會都無關。不論吳夫人選擇原諒他，或準備和他離婚，更非社會大眾的切身大事。我自然不贊同他們離婚，但媒體如再窮追不捨，只會逼他們走上不歸之路。

孫仲瑜小姐尚未結婚。她的私生活更是她自己的事，他人無權置喙。這樁緋聞如發生在美國，受害者可以告媒體侵犯她的隱私權，勝算機會很大。如果發生在歐洲，尤其是法國，人家會笑掉大牙，說台灣人怎麼還停留在十九世紀裡？

法國前總統密特朗 (Francois Mitterrand) 的情婦和私生女兒，在他死後都靠寫書賺錢。現任總統薩科齊 (Nicolas Sarkozy) 有不止一位情婦，人民早已見怪不怪了。

婚外情自然不該鼓勵。本文旨在規勸媒體朋友，別再一窩蜂地追逐吳育昇或類似的無聊新聞，騰出寶貴篇幅以盡教育大眾的責任。

十一、ECFA簽署名稱　不要作繭自縛

（原刊九十八年十一月十七日《聯合報》民意論壇）

昨天民意論壇刊出黃光國與張亞中兩位先生投書，主張ECFA也好，FTA也好，我國署名不可「去國家化」。

我對兩位的愛國熱忱向來很敬佩。但首先，我國加入世界貿易組織（WTO）時，就是以關稅領域為名。其次，正因為名稱不對等，雙方也就沒有主從關係。這點非常重要，聽起來雖覺得有點怪怪的，但隱含的意義卻不容懷疑。

黃、張主張的第二點，用 Beijing China 和 Taipei China 分別代表兩岸，只會作繭自縛，千萬使不得。理由很簡單，中文書寫地名的規矩是由大而小，英文則是由小漸大。因此 Taipei China 或 Beijing China 中間都需要加個逗點，變成 Taipei, China 和 Beijing, China。其效果會與兩位想像的恰巧相反，真正把台灣變成大陸的屬地了。

政府早就詳細研究過這類問題，最後決定採用 Chinese Taipei 一詞。兩字間沒有逗點，意味這個 Chinese 是形容詞而非名詞，我方把它譯為「中華的」，因此兩字連在一起時，就是「中華台北」，與大陸完全沒有統屬關係。

今年五月我國派觀察員列席世界衛生大會（WHA）時，使用的就是這個名稱，大陸沒有反對，暗示已經默認，這是兩岸交往用語很大的突破，不可輕視。

至於ECFA談判，尚未正式登場。陸委會副主委高長說，已決定用「台澎金馬個別關稅領域」名義與對岸簽署協議，我與黃、張兩位同樣不敢置信。不過陸委會隨後發緊急聲明更正，指我方會依WTO的「精神」，但對是不是用「台澎金馬」這個名稱，保持彈性和模糊。

報導說，國台辦王毅主任透露，對岸已準備好了，等江丙坤與陳雲林下次會談，一定會得出雙方都能接受的結果。台灣選舉在即，目前並非會談最佳時刻。只要時機成熟，希望很快會有雙方都能滿意的消息。

昨晚金管會主委陳冲宣布，兩岸已經在兩地分別簽署了MOU。正式官銜前用詞為「台灣方面」與「大陸方面」，更加顯示對方的誠意，國人可以無須杞人憂天了。

十二、歐巴馬在APEC幕前幕後

（原刊九十八年十一月十六日《中國時報》時論廣場）

美國過去四十三位總統，沒有一位曾與亞洲或太平洋地區有任何淵源。唯有歐巴馬在印尼和夏威夷度過童年，是唯一的例外。他就任十個月後，上週先路過日本，昨天則在上海，與復旦、交通等大學選出的學生對話。今天才開始國是訪問的正式節目，明、後天將分別和胡錦濤、溫家寶會談。內容從中美雙邊關係到當前最迫切的國際問題，無所不包，這兩天才是全球關注的焦點，各國媒體肯定會有最詳盡的報導與分析。

最初的新聞報導，似乎因保密而故意把他訪問中國與到新加坡出席兩場峰會的預報新聞前後倒置。原先說他會先訪中國，然後出席「亞太經濟論壇」（APEC）高峰會，並列席東南亞國家協會（ASEAN）領袖會議。結果恰好相反，他是先去新加坡參加這兩場峰會，然後折返中國，進行他這一任中最重要的外交訪問。

連前副總統以「中華台北」名義，代表我國出席APEC，上週四已偕夫人抵達新加坡。能夠和歐巴馬、胡錦濤、俄國梅德維傑夫（Dmitri Medvedev，有個人網站 http://eng.kremlin.ru）、澳洲陸克文、加拿大哈潑（Stephen Harper）、墨西哥卡德隆（Felipe Calderon）、智利巴契麗夫人、日本鳩山由紀夫、南韓李明博、菲律賓亞羅育夫人(Gloria Macapagal-Arroyo)、新加坡李顯龍等各國領袖平起平坐，得來著實不易。

除會議場合外，連戰上週六還與胡錦濤單獨晤談，並和歐巴馬在公開場合握手寒暄。國人高興之餘，仍不可忘記：APEC成員並非都是主權國家；它是二十一個「經濟體」的組合。更重要的，APEC只是一個「論壇」(Forum)，而非通常理解的國際會議。它只讓出席者暢所欲言，卻沒討論或表決機能。因而會議無論發表什麼文件，對出席者代表的國家或地區都沒有拘束力。

既然如此，為什麼各國還這樣重視，由總統或內閣總理親自參與呢？原因之一，是今日談外交，什麼事都要大陸所謂「領導人」親自出面，各國外交部長則降級成為「跟班」。這是二十一世紀風氣使然，誰也無法改變。而事實上職業外交官的工作量並未減少，只是自部長以下，都變成看不見的後台人物了。

APEC有一系列的部長級會議與所謂資深官員會議(Senior Officials' Meeting，簡稱SOM)。今年的部長級會議，交通部長毛治國與經濟部長施顏祥兩位能去，隨同前往開SOM的是國貿局長黃志鵬。唯獨外交部長永遠不能參加，因此楊進添也不例外。

二十一個經濟體可出席的外交部長裡，美國國務卿希拉蕊(Hillary Rodham Clinton)上週就到了新加坡，十一日是美國退伍軍人紀念日(Veterans Day)。那天她在國際記者會上透露：出席的各國外交部長早餐會時，曾討論許多問題，包括如何阻止北韓製造核武在內。奇怪的是台灣報紙竟無報導，不知從台北趕去採訪的記者們知不知道有這場記者會。

美國為何把沒有牙齒的APEC看得這麼重要？這也與歐巴馬隨即訪問大陸有關。他要利用新加坡的機會，向亞洲各國朝野表示：美國自認是太平洋國家，是維護亞洲和平的主要力量，過去如此，今後也不會改變。中國雖然崛起了，美國永遠不會放棄在亞太地區的責任。他要傳達的訊息很清楚：亞太各國儘管放心，遇必要時，美國不惜得罪中共，也要做它們的後盾，絕不會抽腿逃跑。正因為歐巴馬緊接著將去中國訪問，這番「無言的表態」才顯得更突出。

前面說過，APEC本身只是場演講會，新加坡政府花費不少經費，宣揚今年的主題「持續成長，區域連結」(Sustaining Growth, Connecting the Region)。年會的象徵是一束有二十一道光芒的火花。分組討論的題目有三：㈠如何復甦經濟；㈡如何支援多邊貿易；㈢如何加速區內經濟融合。反正都是SOM通過的官樣文章，恐怕總統們看都不看。

十四日夜晚，星國政府舉辦了一場大型晚會，稱為“Singapore at the Esplanade”，從表演到菜式，力求反映華裔、馬來與印度的文化。可惜歐巴馬抵達晚了，沒趕上穿「蓮花娘惹服」坐三輪車出場。明年APEC在日本開會，他應該不會遲到了。

十三、歐巴馬首訪大陸　成敗難料

（原刊九十八年十一月十四日《聯合報》民意論壇）

歐巴馬今年元月就任，還差幾天才滿十個月。雖然和胡錦濤至少已經見過三次面，這回首次到大陸作「國是訪問」（北京外交部用語），仍然吸引全球注目。他十三日先訪問日本，安慰一下鳩山由紀夫首相，十四日晚上趕抵新加坡，十五日出席APEC高峰會，接著就飛到上海，十六至十八日在北京訪問，最後才蜻蜓點水般在南韓停留一天，取道首爾，返回華府。

美中經濟　互賴又衝突

依照外交慣例，元首級互訪所談內容，永遠不會向外透露。大陸外交部發言人馬朝旭只肯說：「兩國領導人將在北京就中美關係和共同關心的重大國際與地區問題，深入交換意見。」世界各國媒體登記採訪者已逾千人，可見對這次訪問重視的程度。

美中兩國經濟互相倚賴，難解難分，幾已融為一體，但兩國在其他層面又衝突不斷。北京手中的美國公債總額已達八千億美元，是最大的債主。就雙邊貿易而言，美國早就被大陸廉價產品征服；去年全年美對中入超達二千六百八十億美元；今年美國雖受金融風暴重創，到八月底，對中入超仍達一千四百三十七億美元，成為雙方摩擦最大的原因。

匯率問題　永遠扯不清

美國指責大陸故意壓低人民幣對美元匯率，不僅為要推廣美國貨在中國的銷路。如果人民幣升值百分之五，美國欠大陸的公債就可少付三百九十億美元。但北京就是不賣帳，反唇相稽，直指華爾街是全球金融困境的罪魁禍首。誰對誰錯，這筆帳永遠算不清。

大陸對美國經濟最嚴厲的批評，是今年初中國人民銀行行長周小川發表的〈關於改革國際貨幣體系的思考〉一文。其主要論點在於改造國際貨幣基金特別提款權（Special Drawing Right，簡稱ＳＤＲ）的組成貨幣。措詞雖然委婉，明眼人一望而知，是要把人民幣加入ＳＤＲ的「一籃子貨幣」中。

與中修好　美民眾支持

大陸以轉型內銷應付經濟大環境的變遷，不僅將外來衝擊減到最小，還使國民總生產毛額年成長率達到八・五％，令人豔羨。作為新崛起的超級強國，北京與華府有數不盡的爭執，橫亙在兩者之間。即使不提台灣，從伊朗到北韓，從大陸的人權問題到國防預算每年以兩位數字增加，雙方立場都是南轅北轍，像一團無法解開的死結。

美國的兩黨政治，註定歐巴馬這次訪問中國，不管收穫如何，回國後一定會遭遇共和黨批評與杯葛，反而是一般美國人支持與北京修好。民意調查權威的「Thomson-Renters/Ipsos」（湯姆森路透／伊普索斯）隨選一萬零七十七人所作民調顯示，有三四％的人認為就美國而言，最重要的雙邊關係國是中國；相形之下，選擇傳統母國即英國的只有二三％，選擇緊鄰加拿大的更少，只有一八％。

與中結盟　多數人保留

美國的傳統保守勢力依舊不可忽視；同一家民調報告說，五六％的美國人把中國看作潛在的對手，只有三三％認中國可成為盟國。他這次訪中，和胡錦濤就氣候變遷、改造世界金融體系以及從阿富汗到伊朗等地區問題，能達成何種瞭解，建立二十一世紀的新秩序，全世界都在等著看。

十四、改革選制　滅台亂源

（原刊九十八年十一月九日《中國時報》時論廣場）

住在台灣，最常聽到抱怨的話就是「台灣太自由了」或「太民主了」。過去我常用一句美國笑話解嘲：「民主本是世界上最浪費時間、最沒有效率、也最糟的政治制度……，問題是，其餘各種制度比它更糟。」什麼是其餘各種制度呢？獨裁或一黨專政是也。

進入十一月了，選情迫近，各種稀奇古怪花招紛紛出爐，從美國牛肉到職棒打假球，都變成選戰武器。自現在起到投票前一天，選民的耳目肯定不得清靜。原本大家以為：馬英九回任黨主席了，選舉風氣應該回歸正軌，至少買票賄選的亂象總要收斂一些吧。

沒錯，國民黨考紀委員會奉命嚴格執行「馬五點」，違者一律開除黨籍，絕不姑息寬貸。即使是由支持者出資，代候選人送禮或請客，不論本人是否知情，查明屬實後一律視同候選者的行為而開鍘。如此嚴厲風行，可謂自蔣經國逝世二十一年以來，從來沒有過。

坦白而言，冰凍三尺，非一日之寒。國民黨內部從李登輝掌政時起，因循苟且，上樑不正下樑歪，早已病入膏肓。以立委為例，競選時央求黨部支持，當選後一腳把黨踢開，營私舞弊，挾立法院以自重。今天大家存疑的，不是馬英九有無徹底整頓的決心，而是地方黨部能否貫徹改革；不是馬敢不敢整頓選風，而是他能不能一夕之間治癒多年宿疾。

國民黨要贏得民心，做到長期執政，必須從改革現行選舉制度著手。選總統改為絕對多數制，這幾天已有好幾位人士提議。馬也說過等就任滿兩年後，可以檢討包括雙首長制在內的修憲問題。我建議同時也該修改立法委員選舉辦法，全部採用不分區制。

先要聲明，這不是我發明的，世上有不少國家採用「政黨名單比例代表制」(Proportional representation system)，包括以色列、西班牙、葡萄牙、奧地利、芬蘭、波蘭、克羅埃西亞等。我奉使南非七年，一九九五年曼德拉 (Nelson Rolihlahla Mandela) 領導南非制憲，採取的就是政黨名單比例代表制。

這個制度的精神，就是選民把票投給政黨而非個人。計算全國投票數後，按比例將國會席次分配給各政黨。這樣做並無不公，反而比小選區制更加公正。理由如下：

首先是把全國每一票的價值拉到完全相等的程度。民進黨常抱怨說，金門縣或連江縣人數少，卻都有一席立委。只要獲得本島一個選區投票數的幾分之一，就穩可當選。如果實施政黨名單比例代表制，就不會再有這種每票價值不平等的現象。

其次，在政黨名單比例代表制下，好人才有出頭的機會。有位滿腔熱血返國的教授告訴我說，他本有意從政，找人介紹去拜訪當地國民黨縣黨部主委。說明來意後，那位主委開門見山問他：「你準備了多少錢來競選？」他囁嚅地回答說大約五、六百萬元。主委說：「等你找到了兩千五百萬元，再來看我！」我聽後和他同樣氣憤，卻也無言以對。

再次，改採新制尚有徹底改變候選人與選民心理的好處。改變選舉制度，可以根本杜絕請客送禮、花錢買票與開票時唱票計票舞弊的現象。

台灣選風之敗壞，非自昨日始。蔣經國在世時，地方惡霸結合腐敗的縣市黨部主委，還只敢偷偷摸摸地包辦選舉，勒索候選人；蔣死後無所顧忌，猖獗成風，其後果是劣幣驅逐良幣。

正因為選舉被壞人壟斷了，有操守、能做出貢獻的人才，就永遠被屏除在問政之外。我並非說現任立法委員都曾向地方惡勢力低頭，但當選後不得不應酬這類土豪劣紳，則是不爭的事實。

最後也最重要的，是唯有改採政黨名單比例代表制，不論國民黨、民進黨或新黨，對橫行逆施、仗勢招搖、收買人頭黨員乃至違反黨紀的立法委員，才能予以制裁。

在政黨比例代表制下，如某一立委的行為實在讓人看不下去時，只要經該黨紀律委員會慎重查明屬實，再由黨主席提經中常會或中執會按最嚴格的程序通過後，正式去函通知中選會和立法院，予以撤換。遺缺即自原競選名單中依序遞補，省掉補選的麻煩。

這樣重大的改革，需要長期宣傳，培養共識，才能修法通過。但總要有人先提出建議，供全國上下討論；希望現任委員們能不計個人得失，支持改進現行選舉制度。

十五、中印敵友難分

（原刊九十八年十一月二日《中國時報》時論廣場）

上週末即十月二十四、二十五兩日，在泰國專供皇家使用的海灘勝地——華欣（Hua Hin），舉行了一系列的高峰會議，包括東協（ASEAN，大陸稱為東盟）第十五屆峰會，第十一屆「東協加三」即中、日、韓的峰會，另外再加上澳洲、紐西蘭和印度等所謂「對話夥伴」的第四屆東亞峰會，以及第七屆印度與東協十國的峰會。但最令人注目的新聞，卻是在這些峰會之外，大陸總理溫家寶與印度總理辛格兩人的單獨會晤。

中印之間的恩怨，向來糾纏不清。早在十月七日，新德里出版的《印度斯坦時報》(*Hindustan Times*) 和《印度時報》(*The Times of India*) 就大肆渲染說，中國邊防部隊在喀什米爾 (Kashmir) 的拉達克 (Ladakh) 地區，侵入印度領土。巴黎的《國際先鋒論壇報》(*International Herald Tribune*) 據此也有報導。北京的反應異常強烈，外交部發言人馬朝旭十月十三日公開聲明說：「兩國邊界從未正式劃定」，中方對印度領導人前往爭端地區活動「表示強烈不滿」，要求印方「重視中方的嚴重關切，不在爭議地區挑起事端，以利中印關係健康發展」。

這項警告，是在兩國總理會晤前十一天所發。但峰會結束後的第三天，即十月二十八日，印、俄、中三國外長在印度班加羅爾 (Bangalore) 舉行三邊會談。印度外長克里希納 (S. M. Krishna)、俄國外長拉夫羅夫 (Sergei Lavrov) 與中國外長楊潔篪都出席。恰在此時，印度政府又宣布批准達賴喇嘛到 Arunachal Pradesh 省訪問，使楊潔篪很下不了台。

中印之間，自一九六二年的邊界戰爭起，雙方怒目相向，已歷四十幾年。中印邊界長達三千四百餘公里，大半尚未定界。在北京眼裡，Arunachal Pradesh 應該屬於「西藏藏族自治區」。印度不但強占該區，庇護了大批西藏逃亡僧俗，暗中支持「藏獨」，現在又讓達賴進入如此敏感的地區，此而可忍，孰不可忍？雖然生氣，在峰會上相見還得裝出笑嘻嘻模樣，高談兩國友好。新華社發布辛格與溫家寶微笑握手照片，報導說「兩國政府首腦一致表示，要堅持推進中印面向和平與繁榮的戰略合作夥伴關係，實現共同發展，和諧發展」。該社引用溫家寶的話說，中方「願同印方保持高層交往，增進互信，擴大合作」。

辛格怎麼說呢？依新華社消息，他除祝賀中國取得巨大成就和在國際事務中發揮的積極作用外，「強調印度不將中國視為威脅，希望同中國發展和睦、穩定和強有力的戰略合作夥伴關係」。

儘管雙方面和心不和，中印貿易確實快速增長，明年將以六百億美元為目標。至於最敏感的邊界問題，這次雙邊會談獲得的共識是：「遵循雙方達成的政治指導原則，發揮有關機制的作用，繼續通過坦誠對話，逐步縮小分歧，爭取不斷取得進展，最終達成公平合理和雙方都能接受的解決方案。」換句話說，現階段毫無進展。

十月二十六日下午，溫家寶的專機從華欣起飛，直接回北京。這次出席第四屆東亞峰會的各國領袖與對話夥伴達十六位，除開會與晚宴外，他似乎並未單獨會見每一國的總統或總理。我上新華社網站查過，只找到他分別會晤澳洲陸克文和身為地主的泰國總理艾比希 (Abhisit Vejjajiva) 兩人。其餘如日本首相鳩山由紀夫、韓國李明博大統領，乃至新加坡的李顯龍，或因時間不足，似乎都未安排單獨會談。

辛格離開泰國後，還要去日本訪問。我在印度報紙上看到他會見溫總理後的談話，說兩人討論範圍非常廣泛，「所有的題目都談到了」，包括中國在西藏的雅魯藏布江 (Brahmaputra River) 發源地構築水壩的問題。溫承認大壩築成後，喜馬拉雅山融化的雪水將做灌溉之用，但會把水文資料供給印度。

兩人自然討論到達賴喇嘛將在十一月訪印的事。辛格告訴溫家寶說，達賴是印度的「貴賓」(Honored Guest)，讀者不難想像溫聽到這句話時的表情。

十六、美洲團結　鏡花水月

（原刊九十八年十月二十六日《中國時報》時論廣場）

兩週前，我以自己四次往訪的經驗，參考最新資料，寫了篇〈上天特別眷顧巴西〉。這個國家雖然得天獨厚，但放在拉丁美洲大環境裡，前途是福是禍，仍難判斷。理由有三：㈠整體而言，拉丁美洲左傾趨勢日益明顯，難以挽回；㈡拉美各國內政不修，印第安族崛起，民族主義高漲，西班牙與葡萄牙裔白人面臨革命危機；㈢美國影響力衰退，歐巴馬外交政策對拉丁美洲究將產生何種影響，各國都在等候。

最能反映這些盤根錯節、相互算計、利益衝突關係的，莫過於「美洲國家高峰會」(Summit of the Americas)失敗的歷史。這個由美國和加拿大發起，原擬作為團結從北到南三十四個美洲國家的組織，從開始時鑼鼓喧天，到如今偃旗息鼓，原因何在？

你當然可以說，這是美國的失敗。一八二三年因西班牙垮台，歐洲列強紛紛想染指南美，華府才宣布「門羅主義」，不許它們來搶奪原屬西國的殖民地。從那時起，美國也並非不想投入更多人力財力，去經營應屬於他的勢力範圍。問題在世界各地只要有事，都要美國介入甚或出兵解救，兩次世界大戰便是美國顧此失彼、最顯著的事例。

總部設在華府的美洲國家組織，多年來受美國操縱，已經沒有號召力。華府因而採「借屍還魂」之法，一九九四年，找加拿大聯合發起，在邁阿密召開第一屆美洲峰會，以民主人權為口號，聲稱參與的三十四國，都是人民投票選出的政府，巧妙地排除了卡斯楚統治的古巴。峰會的祕書工作實際仍由OAS（Organization of American States，美洲國家組織）作業；預定每四年舉行一次，遠景是要建立一個持久的區域性組織，與歐盟並駕齊驅。

第一屆美洲峰會的成績，除發表一篇號召民主人權與支持社會正義的聲明外，宣稱將建立「美洲自由貿易區」(Free Trade Area of the Americas，簡稱FTAA)。如能成事實，對像巴西那樣的出口國自然有利。一九九六年，各國為永續發展策略 (Sustainable Development) 在玻利維亞的聖克魯斯 (Santa Cruz de la Sierra) 加開了一次峰會。因性質特殊，不算是第二屆。

一九九八年，第二屆美洲峰會在智利首都聖地牙哥 (San Diego) 召開。討論實施FTAA時，因玻利維亞、祕魯和厄瓜多剛簽署《安地斯條約》(*Andean Pact*)，對擴大自由貿易區沒有興趣，乏善足述。二〇〇一年，在加拿大魁北克 (Quebec) 舉行第三屆，更拿不出什麼成績。

二〇〇四年，在墨西哥而非加州的蒙特利 (Monterey) 城召開了一次特別峰會，不計屆數。到二〇〇五年，才在阿根廷銀海市 (Mar del Plata) 舉行第四屆峰會。那時美國在阿富汗陷入苦戰，哪有精力回頭關心南美，峰會只是虛應故事，苟延殘喘而已。

直到今年八月，在千里達及托巴哥共和國 (Trinidad-Tobago) 的第五屆，歐巴馬親自出席，美洲高峰會才忽然變成全球注目的焦點。一向反美最烈的委內瑞拉查維茲總統不僅改口向歐巴馬說「我要做你的朋友」，在國宴席上特意走過來敬酒，他還不懷好意地送了一冊西班牙文的《美國侵略拉美史》給歐巴馬作為見面的禮物。

到峰會結束前，查維茲忽然聯合了玻利維亞的莫拉瑞斯、厄瓜多的葛雷亞 (Rafael Correa)、宏都拉斯的賽拉亞 (Manuel Zelaya) 和尼加拉瓜的奧蒂嘉四位總統，拒絕簽署峰會公報。三十四國少了五國，只剩下二十九國。籌備如此大規模的國際峰會，所有文件照例在會前就由幕僚商議決定，似此臨時反悔，把美國當傻瓜般耍弄，在世界外交史上可謂空前絕後。

查維茲還動員了南美第二大國阿根廷的女總統費南迪斯 (Cristina Fernandez de Kirchner)，柔性地勸告歐巴馬，彌補過去幾十年美國的錯誤。身經百戰的歐巴馬用他在競選時的策略應付這些攻擊，不動肝火，冷靜聆聽，從而獲得溫和國家領袖的同情。他說：「我來這裡不是為過去辯護，而是為未來籌劃。我相信我們必須向過去學習，但不能被歷史綑綁住。」

話說得很有道理，卻未能改變查維茲等人的成見，也無法重建拉丁美洲對老美的信任。到峰會結束時，連OAS祕書長、智利籍的殷索沙 (Jose Miguel Insulza) 都向中間靠攏，贊成邀請古巴重新成為美洲國家組織的一員。

美國要恢復對南美的影響力，唯有看重拉丁美洲各國的利益；這又牽涉到國內政治，如拉丁裔非法移民問題等。歐巴馬的頭痛才剛開始呢。

十七、京劇出國話滄桑

（原刊九十八年十月二十六日《弘報》第四三〇期）

改制期間的國光京劇團，七月應莫斯科「契柯夫戲劇節」(Anton Chekhov Festival) 之邀，到俄國演出，恢復了中斷多年的京劇出國紀錄。距離來台後京劇首次出國，已有五十二年，回首滄桑，令人感慨萬分。

個人有感慨，是因為早年中華民國表演團體出國，大多由我在新聞局國際處長任內時，經手辦理。嚴格而言，管國際宣傳的人做這類工作，難免給人「撈過界」之感。怎麼會「狗拿耗子，多管閒事」到如此地步，需要從頭說起。

民國四十六年，泰國舉辦大規模的「慶憲商展」。新聞局奉命參與籌備事宜，負責所有文化與宣傳工作。那時政府遷來台灣，已歷八年，腳步站穩了，自然重視首次向外展示實力的機會。我於是找了大鵬國劇團、李棠華雜技團，還加上兩位電影女星同往，以壯聲勢。

泰國華僑不但以愛國著稱，而且掌握全國的經濟命脈。慶憲商展只是靜態展出，因而在配合展期的各項活動中，台灣派去的演藝團體大受歡迎，成為我和表演團體結緣之始。

大鵬劇團 赴歐巡迴演出

泰國之行成功，激起我更大膽「走出去」的念頭。什麼演藝團體最現成呢？還是國劇。

政府遷台後雖漸趨安定，仍然百廢待舉。京劇領域只有顧正秋在永樂戲院苦苦支撐，她下嫁任顯群後，後繼無人。所剩下是海、陸、空、勤四個軍種各自的國劇隊，在基地與外島巡迴演出勞軍，偶而也在中華路上的國軍文藝中心對外公演。它們分別是海光、陸光、大鵬與明駝國劇隊。那時大陸常派表演團體到歐洲各國演出，聲勢浩大，我國也想效法，而最現成的劇團，除大鵬外，不作第二人想。

說起大鵬，不能不提熱愛京劇的「老虎將軍」王叔銘。王老虎雖因我挑選了大鵬劇團去歐洲公演而和我訂交，後來我奉派以駐美大使館公使兼駐紐約新聞處長，住在紐約十六年。適逢他交卸參謀總長職務，來紐約做常駐聯合國軍事代表團團長。直到民國六十年我國退出聯合國為止，經常相聚。王夫人是杭州人，秀外慧中，兩家成為通家之好。

王老虎是標準戲迷，大鵬在軍中首屈一指，全虧他大力贊助。當年我去找他，預備派大鵬劇團去歐洲演出，他高興極了，幾乎天天打電話到新聞局來商量細節。有天我已經下班，他不知道我家有沒有裝電話，第二天龍泉街家裡就多了一架軍用電話，和中華電信並行不悖。

國際宣傳必須深切瞭解國外制度與民情。從莎士比亞時代起，英國就具有深厚戲劇傳統。劇藝界的樞紐人物稱為「經紀人」(Impresario)。我知道必須找到名譽卓著的經紀人，請他綜理一切，才能妥貼安排職業性的演出。純粹外行的駐外館處，絕難肩負如此重責大任。

透過英國國會友人，我查明倫敦最有名的經紀人名叫杜白尼 (Peter Daobeny)。此公左臂在二次大戰中受傷截肢，只剩一條胳臂；脾氣暴躁，性如烈火，但確是內行，信用卓著，一諾千金。我電發機票邀請他來台，一見面就感覺找對人了。

陪他看過各劇團試演後，以大鵬為主，加其他挑選出來的少數人員，全團共六十人。但因須包括梳頭、管箱等後台人員和文武場面，占掉四分之一員額，人員精簡到極點。再大牌的演員也必須兼跑龍套，換地方演出時幫忙搬箱籠，毫無例外。

向歐洲人解釋抽象動作

「中華民國國劇團」組成後，第一個問題是：外國歌劇或舞台劇講究布景和道具，務求逼真；而京劇裡一切都極為抽象化，舞台上空無一物，頂多擺一桌二椅。演出時更是所謂：

三五人，可作千軍萬馬。

六七步，如行四海九州。

但是外國人怎能懂得其中奧妙？幸虧我年幼時，先父任職中國銀行，是個十足的戲迷，帶我去聽過梅蘭芳、程硯秋、荀慧生、尚小雲和周信芳。他做過中行總管理處的票友社長。先兄陸以中則拉了一輩子胡琴，還頗有幾分功力。那時我對京劇並無興趣，但在家中耳濡目染，好歹學到一點常識。

現在打鴨子上架，同仁中懂京劇的不懂英文，懂英文的不懂京劇。我只好自己動手，用英文寫了一兩千字，解釋京劇的種種規矩，諸如生旦淨丑的分類、臉譜的含意以及其他種種行規，編印出一份精美摺頁，題目就叫「中國歌劇的規矩」(Conventions of Chinese Opera)。

新聞局有攝影組，為出國排練期間，拍了幾百張彩色與黑白照片，由劇團帶到國外去分送媒體。那時還沒有電視；錄音帶涉及版權問題，台灣正因翻版西書困擾萬分，所以就免了。

到國外該演什麼戲？又煞費苦心。我陪杜白尼看了一星期的戲，讓他用外國人的眼光挑選歐洲能接受的劇目。唱京劇用的是假嗓子 (Falsetto)，與西洋歌手如帕華洛帝 (Luciano Pavarotti) 貨真價實從喉嚨發出的聲音不同，因此儘量減少長段唱工。但英國有位劇評家注意到小生的尖嗓子，在劇評中懷疑是否表示同性戀之意，我讀了感覺啼笑皆非。

最叫座的兩齣戲，一是「拾玉鐲」，因為孫玉姣細膩的表情，刻劃出懷春少女的情懷，中外皆然。「三岔口」則因舞台上燈火輝煌，而任棠惠和劉利華兩人假裝伸手不見五指，摸黑打鬥，令事先看過說明書的洋人瞭解其幽默所在，也很受歡迎。壓軸戲挑的是「白蛇傳」，京劇演員幼年扎下根基的武功，使歐洲人看得瞠目結舌。

文化交流總會留下些影響。十餘年後，我因公去倫敦，偶然看了一齣歌舞劇，內容是根據薄伽丘 (Giovanni Boccaccio) 的《十日談》(*The Decameron*)。劇中趕路的中東商賈，手中只揮舞一條馬鞭，並無馬匹，顯然自京劇抄襲而來，令我心中甚感安慰。

艱苦卓絕的田領隊

萬事起頭難，帶這麼一個京劇團出國，既須任勞任怨，又要不怕艱困，當機立斷。王老虎考慮再三，派駐日空軍武官田兆霖上校為領隊；我則派國際處編譯李昌隨團協助，後來因人手不足，變成在後台專管燈光。田武官屆齡後以空軍少將退休，客居加州；雖已九十四歲，頭腦仍異常清楚，記憶力遠勝年輕人。本文有許多細節，都是向他請教得來的。

只有職業經紀人，才能租到最高級的演出場所。我要求倫敦首演須在 Covent Garden 的皇家歌劇院 (Royal Opera House)，那可是英國最高尚的場所。看過「窈窕淑女」(My Fair Lady) 電影的人，一定記得本片開始時，女主角奧黛麗赫本 (Audrey Hepburn) 就是在這所劇院門外賣花的。杜白尼真做到了。只是雖有他的盛名號召，第一天只賣了七百多張票，此後更每況愈下。

從英國到法國，杜白尼雖然虧了老本，仍然堅守信用，安排國劇團在巴黎歌劇院 (l'Opera de Paris) 演出，上座也不理想。和他的合約終止後，田兆霖獨力挑起重擔，邊走邊談，獨力和各國經紀人協商演出地點和酬報，繼續安排巡迴行程。有一段時期，每位團員每天發美金三元，讓他們自己找吃的，艱苦情形可以想像。

多虧這位咬牙也不肯放棄的領隊，沿途找到的其他經紀人有：班貝 (Peter Bambe)、哈波 (Leon Harper) 等幾位，斷斷續續地包場甚或自己演出。離開法國後，竟能在愛爾蘭的都柏林 (Dublin)、蒙地卡羅 (Monte Carlo)、西班牙馬德里 (Madrid) 與巴塞隆納 (Barcelona)、葡萄牙的里斯本 (Lisbon) 和歐波多 (Oporto)，最後在義大利羅馬 (Roma) 和突林 (Torino)，一共在歐洲走了五個月零一天，民國四十七年九月凱旋。

那時政府經濟拮据，我與杜白尼談判赴英條件時，獲對方同意負擔全團食宿。等離開法國後，就變成田領隊的責任了。去歐洲和回台灣是我方的責任，向華航租用了兩次包機。從羅馬回台北那趟的包機，價格是二萬五千美元。

專機抵義大利後，李昌忽來電話報告說，有位團員失蹤了。幸而他只是臨行前到百貨公司買東西，手拿兩件衣服到處找收銀台付款，卻被店員懷疑行竊，語言不通，鬧到警察局。駐義大使館立刻把他保釋，專機如期啟程。在曼谷加油後剛起飛，又發生一隻引擎起火的意外，折回搶修後，全團安然返國。

藝術團隊絡繹來美

從那時起，凡派演藝團體出國，層峰不由分說，都交由新聞局國際處承辦，推也推不掉。民國五十二年，我奉派赴美，以駐美大使館參事兼駐紐約新聞處長，主要職責是對美宣傳。工作非常龐雜，包括每天對外發行中英文新聞稿、連絡包括常駐聯合國的世界各國新聞特派員、向重要媒體如《紐約時報》等投書、應邀向全美各地民間社團演講等等。

但是國內演藝團體，如王振祖的復興劇校、李棠華雜技團，乃至名角個人如郭小莊等，仍然找上門來，要我安排在美演出，都是多年老友，無法推辭。來得最頻繁的，還是教育部所派的國劇團。所幸歷任部長總會選派一位返國不久的學人當領隊。如郁慕明、陳義揚、何景賢、楊其銑等，和我都成為好友。

基於歐洲的經驗，紐新處事前一定找美國最負盛名的經紀人簽約，把雙方權利義務寫得一清二楚。國劇團初次赴美，我找的是金字招牌的休樂克公司 (Sol Hurok Organization)，過了幾年，改由蕭哈樂 (Harold Shaw) 接手。他們熟悉全美各地的劇院，所以敢一下就簽訂連續三個月以上的巡迴演出合約，從來沒出紕漏。

這些合約訂明雙方的權利和義務：我方負責全團配備、前後台工作、往返包機費用和團員零用金。經紀人則負擔在美巡迴各州時，所有的伙食、住宿，以及城市與城市間和市區內的交通運輸。每換一個地方演出，至少是兩輛遊覽車、一輛運道具行李的貨車，浩浩蕩蕩。

台灣在美國各大城都有總領事館，透過他們轉託僑商替劇團預訂中國餐館，免得團員打出手時沒有力氣。但那是四十幾年前，中西部的中國餐館實在不敢恭維。團員們替那些只會做雜碎 (chop suey) 和炒麵

(chow mien) 的飯館起了個名字，叫「一味齋」，這綽號其實是大鵬在歐洲就發明了。

民國五十六年，教育部成立文化局，老同學王洪鈞是首任局長。為與蕭哈樂簽約，特地請我返台，共襄盛舉。但沒多久王洪鈞忽然去職，文化局也裁撤了，這類工作又回到我頭上。蔣彥士在教育部長任內，為派團來美，特地邀我回國，鄭重其事地成立委員會，他是主任委員，給我副主任委員名義，以示尊重。

直到楊其銑派到我國駐華府大使館做文化參事，他帶過劇團來美，駕輕就熟，我才擺脫了辦理國劇團演出、只做事不拿錢的兼差。楊是位志誠君子，後為東吳大學校長。

經費龐大　惹人眼紅

每逢有劇團來美交我主辦，教育部必定匯來全程經費，先還只二三十萬美元，因通貨膨脹，後來常至五十萬美元，惹得他人眼紅。其實紐新處本身有三十二位職員，每星期僅郵資就要花一萬五千元，全年經費超過二百萬美元。教育部會計處派來的隨團會計，不明白紐新處的規模僅次於華府和東京兩個大使館，來美前總對我心存懷疑。

我的辦法很簡單：國劇團經費匯到後，立即在銀行開立專戶存儲。專戶的支票指定由美籍經紀人、台北派來的領隊與教育部派隨團會計三人中，有兩人簽名才能兌現。紐約新聞處或我個人，不得染指分文。我為國劇團奔走各地，所有機票、旅館費用乃至租車等雜費，由紐新處經費負擔，不報教育部的帳。等在美巡迴結束時，這幾位隨團會計瞭解了我的習慣，原本不甚信任的態度，一變而為畢恭畢敬。

民國六十七年十二月十五日，卡特總統宣布自元旦日起，與大陸建立正式外交關係，與我國則只維持「民間關係」(people-to-people relations)。蔣經國總統堅持仍須為政府之間的關係。談判僵持不下，我投書

《紐約每日新聞》(*New York Daily News*)，呼籲美國應繼續賣武器給台灣；這篇文章全美有三十幾家報紙自動轉載，觸怒了卡特。國務院以「逾越外交官行為準則」為詞，限我兩週內離美。

回到台灣，經國先生派我去奧地利，任駐奧代表處與新聞處的雙料主任，兼常駐聯合國所屬國際原子能組織（International Atomic Energy Agency，簡稱ＩＡＥＡ）的正式觀察員。台灣早已退出聯合國了，但因國內不但有兩座核能電廠，還有幾座實驗用原子爐。尤其美國生怕台灣會祕密提煉Ｕ－２３５等武器級的濃縮鈾，對我國防備有似警察監視慣竊一般。我必須花三分之一的時間來應付ＩＡＥＡ。它不斷地派員到台灣突擊檢查，工作之煩瑣外間實難想像。

雖然這麼忙，在歐洲兩年零三個月期間，我還是安排了國劇團到比利時演出，也替林懷民洽辦了雲門舞集在歐洲的巡迴公演。民國六十九年，我調任駐瓜地馬拉大使；七十九年，又調駐南非。任期內當然有國劇團來訪，安排容易得多。在瓜京使用的場所是美侖美奐的國家劇院（Teatro Nacional de Guatemala），在南非則是開普敦（Cape Town）以前任總統為名的尼可馬蘭歌劇院（Nico Malan Theatre）。開演第一天，我會用使館經費包下所有最好的座位，招待內閣全體部長和各國使節，但也沒忘記媒體從社長、劇評人到娛樂版記者。在瓜九年和在南非七年中，國劇團來訪不止一次，其他表演團體更難以計數，要查當年的館務日誌，才不致掛一漏萬。

回首前塵，我服務公職四十五年中，雖然曾派駐北美、歐洲、非洲與拉丁美洲，在聯繫我與台灣許多根看不見的絲線中，京劇是很重要的一環。但我既不會操琴，也不會哼兩句「楊延輝、坐宮院、自思自嘆」，為何與國劇有如此深的情感，結下如此長久的淵源，別無解釋，只能歸之於前緣了。

十八、普京訪中備受禮遇

（原刊九十八年十月十九日《中國時報》時論廣場）

十月十二日，俄羅斯總理普京抵達北京，為期三天的官式訪問，陪同的有兩位副總理：朱可夫(Alexander Zhukov)和塞欽(Igor Ivanovich Sechin)。

普京已經做過兩任俄國總統，依法不得再連任。但美國研究機構歐亞集團(Eurasia Group)的俄國問題專家庫普錢(Cliff Kupchan)說：俄國憲法並未禁止他等現任總統梅德維傑夫一任滿期後，捲土重來，再度問鼎總統大位。

他在俄羅斯總統任內時，已經到過大陸四次。這回算是擔任內閣總理後初次來訪。大陸不敢怠慢，表面按總理級的規格接待，事實上則優禮有加，以免他回任總統時，影響兩國關係。

溫家寶因工作忙碌，從不到機場迎賓。十二日晚十時，普京專機抵達北京國際機場時，外交部長楊潔篪親自前往迎接，也是做給俄國駐北京大使拉佐夫(Sergei Razov)看的。

十三日晨，普京先到人民大會堂，拜會全國人大常務委員長吳邦國，然後到釣魚台國賓館與總理溫家寶舉行會談。兩人簽署了由先遣人員早就商定了的《中俄總理第十四次定期會晤聯合公報》，照例全是官樣文章，十四日對外發布，此外還簽署了《中俄總理第十三次會議紀要》與《中俄人文合作委員會第十次會議紀要》。

兩人所簽真正重要的文件是：《落實二〇〇九年六月廿四日簽署的《關於天然氣領域合作的諒解備忘錄》路線圖》、《兩國政府關於相互通報彈道導彈和航天運載火箭發射的協定》、《兩國政府關於互設文化中心的協定》，與《中國鐵道部、俄羅斯聯邦運輸部和俄羅斯鐵道股份公司關於在俄羅斯聯邦境內組織和發展快速及高速鐵路運輸的諒解備忘錄》。

普京此行，名為配合兩國建交六十週年，與慶賀大陸建國六十週年而來。還有一個很好的藉口，是大陸定今年為「俄語年」，提倡年輕人學習俄語，企圖抵消幾分大中學生拚命學英語，只想到美國留學的風氣；老毛子自然樂於配合。

實際的原因是，已經走資本主義路線的俄國，眼紅大陸兩兆三千億美元的外匯存底，力圖進一步加強雙方經貿關係。其實依照大陸統計，去年兩國貿易總額已達四百八十億美元，比二〇〇四年加了一倍。

俄國大企業的董事長、總經理，有四十幾位隨同普京前來。中方特別在人民大會堂安排一次「中俄經濟工商界高峰論壇」，介紹他們和相關公民營企業首腦認識，尋找貿易或投資機會。在副總理王岐山和商務部長陳德銘督促下，「中俄能源投資股份有限公司」在北京宣布，出資收購俄國的「松塔兒石油天然氣公司」五一%的股權，取得在東西伯利亞地區兩塊儲藏量達六百億立方公尺天然氣田的勘探和開採權利，只差價格尚未做最後決定。

大宗貿易之外，始終困擾俄國的，還有黑龍江北岸的俄國人，每天過江來跑單幫，大包小包地採買民生物品，回到西伯利亞販賣圖利。不但面子上不好看，俄國東方省當局連貨幣供應，都感覺捉襟見肘。普京提出此事後，雙方同意在總理級會談下，設立「海關合作委員會」，規範貿易秩序的問題。

普京一石數鳥的訪問，還有一場大戲，就是「上海合作組織」第八屆高峰會。十月十四日在人民大會堂舉行，由溫家寶主持，除普京外，會員國的政府領袖全部到齊：哈薩克總理馬西莫夫(Karim Massimov)、吉爾吉斯總理查德諾夫(Igor Chudinov)、塔吉克斯坦總理阿基洛夫(Akil Akilov)、烏茲別克總理米爾濟亞耶夫(Shavkat Mirziyoyev)都出席。

觀察員國家有巴基斯坦總理季蘭尼(Syed Yousuf Raza Gilani)、伊朗第一副總統拉西米(Mohammad Reza Rahimi)和阿富汗第二副總統哈利利(Mohammad Karim Khalili)。蒙古和印度只是部長級官員，坐在二十幾公尺直徑的特大圓桌旁，無人理會。會議公報也只泛論應付三大危機——金融風暴、毒品氾濫與跨國犯罪——的合作事宜。明年的「上合峰會」將在吉爾吉斯舉行。

普京許多次演講中，有一句話最重要：「俄中合作是維護世界和平最重要的基石之一。」新華社總結說：他此行「將中俄戰略夥伴關係推上了新高度」。兩句話可視為普京此行的結論。

十九、馬背水一戰

（原刊九十八年十月十九日《聯合報》民意論壇）

國民黨第十八屆全國代表大會，我專程去參加，並非為擠熱鬧，而是要感受現場氣氛，看這個有一百十五年歷史的政黨，是否真已拋棄了列寧式政黨包袱，徹底轉型成與其他民主國家一樣的政黨。

更重要的，馬英九已經做過一次黨主席了，卻在當選總統一年半後，透過黨員直選，再度回任主席，他的考量何在，耐人尋味。各報雖然對此大會都有大篇幅報導，但在場聆聽馬總統飛快地讀那篇演講，所得感受與讀報所獲的印象，不可同日而語。

那篇演講是本屆全代會的重點，裡面雖提到十項改革，大家都已耳熟能詳，了無新意。今年底國民黨要面對選舉的考驗，才是黨生死存亡的關鍵。因此馬說了重話：「對近來部分同志違紀參選，我們感到萬分遺憾，但一定要斷然給予黨紀處分，不然黨紀蕩然，黨便成了一盤散沙，如何維持團結？」

對於地方派系問題，馬先稱讚了兩句，說：「地方派系見證了台灣民主發展，是台灣草根民主的一部分。」但話鋒一轉，他接著說：「地方派系發展要顧及公共利益，不可以凌駕公共利益，更不可以壟斷地方資源。」

這篇演講裡也有隱晦的部分，就是他為何要回鍋兼任黨主席。他顯然對黨的運作不甚滿意，因而要「推動黨政合作與黨務革新」。

他認為現在是「以黨輔政」的時代，「黨不只是選舉機器，同時也是溝通意見、協調政策與凝聚共識的平台」。坐在台下的七、八十位國民黨籍立法委員，一定知道這些話是對誰而發。

已經開始為年底縣市長選舉在場逢人就散發傳單與名片的人更要注意，馬英九已經要國民黨考紀會主動調查選風敗壞的傳聞，設立檢舉信箱收受投訴；並且要組發會成立專案小組，研議改進目前中央委員與中常委的產生方式。簡單一句話，馬要「讓正派、清廉、能幹的人出頭；要讓不買票、不賄選的人出頭」。

壯哉斯言，人民會支持馬英九這些理想，就看他如何付諸實施。

二十、我讀《大江大海一九四九》

（原刊九十八年十月十七日《聯合報》副刊）

我曾在記者會上說，龍應台這本新書是她從心底裡掏出來的，今日如果再被問，我會說「這是本一百年後仍然可讀的好書」。

退休十一年來，我重拾記者舊業，以寫文章打發時間；每年大約寫一百篇評論時局或解釋國際問題的文章。承三民書局劉振強兄的好意，每年彙集出版，八年來共得八冊。這類與時事有關的論述，或許只在報紙刊出當時有參考價值吧。

即使回到六十三年前，我在南京《大剛報》做記者，採訪國共和談以及制憲國民大會新聞時，說來慚愧，也不曾像龍應台那樣，為一條新聞鍥而不捨地窮追到底，不找到採訪對象，絕不罷休。我更缺乏她那種廢寢忘餐，連續四十小時坐在書桌前寫作的超人毅力！

她寫的雖是發生在中國的事，偶然也會重溫在德國的經驗。英格麗特或是米夏的遭遇，和她筆下的「外省人」如此相像，正說明了一九四九年的中國和台灣，與一九四五年二戰結束後的德國或波蘭，雖相隔半個地球，從人道的觀點去看，幾乎難以分辨。

古今中外，不論規模大小，隔幾年就有一次戰爭。人類不停地互相殺戮，何嘗停止過？如果把《大江大海一九四九》看作一本反戰小說，亦無不可。但我知道，龍應台全無寫任何小說的意圖，她要描繪的，是那個混亂時代的真正面貌，與信仰或主義、黨派或個人、恩惠或仇恨、痛苦或希望，全無直接關聯。

有些讀者對她跳躍式的結構，或許不甚習慣。我覺得這正是本書的特點：龍應台像個超現代派的畫家，牆壁上掛了一幅幾丈闊的畫布，任由她拿各種鮮豔的顏料，隨意往畫布上拋灑，看似毫無章法，最後呈現出一幅廣闊的圖象——中國人的苦難。

二十一、上天特別眷顧巴西

（原刊九十八年十月十二日《中國時報》時論廣場）

巴西的里約熱內盧擊敗芝加哥與東京，榮獲二〇一六年奧運會的主辦權，舉國欣喜若狂。自從有奧運歷史以來，土地廣袤、物產豐富，被目為世外桃源的南美洲，從來沒主辦過一次奧林匹克運動會，現在總算打破紀錄了。

但有去年北京奧運會耗資四兆人民幣（約合五百八十五億美元）的規模在前，將在二〇一二年接手主辦的倫敦，已經言明在先，「別拿我們和北京相比」，因為英國經濟正面臨前所未有的困境。再下一屆的巴西，休說中國，能和英國在主辦奧運這麼艱鉅複雜的盛會上，無論組織、效率、選手接待或容納各國湧來的遊客上，一較高下嗎？

並非迷信，但巴西常有出人意料之外的好運氣，逢凶化吉，無往不利。剛贏得奧運主辦權後，巴西又拿下五年後世界盃足球賽（FIFA World Cup）的主辦權，使足球之王比利（Pele）和現任的魯拉總統，高興到相擁而泣。

去過巴西的人知道，這個國家充滿了矛盾與對比：既有其他南美人好吃懶做的習慣，又得到上天特別眷顧，要什麼就會有什麼。走在里約海灘大道上，一邊是裸體女郎大方地躺著曬太陽，但面海高樓大廈的背後，只隔兩條街就是貧民窟。巴西一〇%的富人，掌握了全國五〇%的財富；而最窮的一〇%人口，總合起來只能分到一%。

巴西面積是台灣的二百三十六倍，人口卻不滿兩億。由於得天獨厚，去年金融風暴席捲全球，巴西所受影響幾乎微不足道。二〇〇八年經濟成長率仍達百分之五點一，個人平均所得八千三百美元。其他國家講G8或G20，巴西人卻自詡為E7（Emerging Seven，意為新興七國，指巴西、中國、印度、俄國、土耳其、印尼和墨西哥）的一員。

魯拉是巴西的象徵。他出生才兩週，生父就誘拐了他的姨母，遠走他鄉。到他七歲時，母親千里尋夫，找到又換了個姘頭的父親，兩房妻兒擠在同一間屋裡，度過四年光陰。他父親一九七八年因酗酒喪命，父子間早已形同陌路。最後他母親攜子遷居工業大城聖保羅（Sao Paulo）。因此魯拉到十歲才上學，四年級時因家貧休學，在街上替人擦皮鞋。

十四歲時，魯拉開始打工，拿微薄的收入奉養母親。十九歲那年，他在一家鐵工廠操作機器時左手小指被夾斷，拿著斷指，連跑幾家醫院被拒，最後才有家診所肯替他包紮一下。如此顛沛流離的童年，使魯拉成為今日世上唯一「半個文盲」的元首。巴西人都知道他們的總統唸演講稿都會讀錯字，卻無損於他受擁戴的程度。

童年時嘗夠了貧窮與歧視，魯拉的思想自然左傾。他很早就加入工會，靠他滔滔不絕的口才，一路攀升到汽車工會聖保羅分會的理事長。為領導罷工，他坐過一個月的牢。一九八〇年，他和一批左傾文化人、教授與工會領袖組成工人黨（Partido dos Trabalhadores，簡稱PT）；後來更組成總工會（Central Única dos Trabalhadores，簡稱CUT），一步一步地鋪築走向總統府之路，而這條路比他原來的想像，更為崎嶇難行。

巴西急需發展，舉例而言，如亞馬遜河 (Rio Amazon) 流域，有世界最大的雨林 (Rainforest)，要談保護環境，應付全球暖化，巴西不能缺席。又如巴西外海前年發現蘊藏有大量原油，一百年也用不完。但巴西既無技術也缺乏人才，最後仍得靠美國幫忙。

魯拉從不諱言巴西還有許多該做的事，在他任內無法完成。過去歷任總統都貪瀆無厭；貧苦平民難得溫飽、因而犯罪率高，急需整頓司法與警政。又如全國公路、鐵路乃至城市基本建設如下水道等，都已破爛不堪，亟待整修維護。這些都只好留給繼任者。

巴西的總統大選，原採間接選舉制，因工人黨聯合八個小黨抗議，一九八〇年才改成全民投票直選。魯拉奮鬥了二十幾年，三次競選都失敗。到二〇〇三年，他才初次當選。然後連任一次，明年底他就做完兩任，依法不得再連任。據說美國總統歐巴馬已經承諾，支持他競選世界銀行行長一職，對一個擦鞋童而言，這可說是童話式的結局了。

二十二、諾貝爾和平獎 兩岸有望

（原刊九十八年十月十一日《聯合報》民意論壇）

歐巴馬獲得諾貝爾和平獎，外界反應兩極，歐巴馬本人在記者會也十分低調。

我收到歐巴馬一封電子信，說他自己清晨六時和蜜雪兒獲知這樁使他們既驚訝又感謙遜（surprising and humbling）的消息時，自覺不夠資格和過去歷屆得獎人並駕齊驅。

歐巴馬雖非全因他的膚色得獎，多少與他是美國史上首位黑人總統有關。和平獎特別委員會期望今年得獎的他，能運用超級強國的實力，解決國際糾紛，避免並終止戰禍。這是對短期未來的一種投資，用心良苦。

我常在想：如果兩岸能循現行政策更進一步，簽訂三、五十年為期的「和平協議」，規定雙方只在制度上競爭，看誰能為人民謀取更多福利，那年的諾貝爾和平獎勢必成為兩岸領導人囊中之物。胡錦濤，加油！馬英九，加油！

二十三、冷清雙十　想想兩岸變化

（原刊九十八年十月十日《聯合報》民意論壇）

年年有雙十，今年因八八水災，取消慶祝活動。如此冷清的國慶，可讓民眾在休憩之餘，有時間省思一年多來台灣的變化。

中華民國的未來，無疑與兩岸形勢的消長脫不開關係。國外友人的態度，可分為兩派。歐、非、中南美、東南亞或澳紐人士，如係從善意出發，會覺得沒有什麼不好。美國人嘴頭不說，心中總怕台灣和大陸走得太近，難免對華府不利。今年我參加過幾次學術論壇，美籍中國問題專家們傾巢而出，就為要探聽幕後有何消息。

懂得老美這種心理，笑笑也就算了。他們其實不必那麼緊張。馬英九早就說：兩岸要在九二共識前提下，「正視現實，開創未來，擱置爭議，追求雙贏」。但有鑑於大陸國力蒸蒸日上，難怪從白宮到太平洋美軍總部，都不肯放心。

台灣自從政權再度輪替以來，坦白而言，處理兩岸關係時，北京讓步之多，遠遠超過台北的付出。台灣對北京的價值，首先是不再有芒刺在背的騷擾，其次在於有效阻擋了「台獨」與「藏獨」、「疆獨」合流的可能。

審度局勢，中華民國不僅能在可見的未來，維持「不統、不獨、不武」的現狀，台灣的民主制度，對中國大陸還有潛移默化的作用。住台灣的人不必害怕，因為在歷史的長河裡，不論再過多少個年頭，中國人仍會慶祝雙十節。

二十四、拉非國家 東施效顰

（原刊九十八年十月五日《中國時報》時論廣場）

G20＋5元首在匹茲堡（Pittsburgh）的高峰會剛閉幕，就有另外一個高峰會和它唱對台戲。九月二十六日起，在委內瑞拉度假勝地瑪嘉麗塔島（Isla Margarita）舉行的第二屆「非洲與南美洲高峰會」（Africa-South America Summit，簡稱ASA），到二十七日結束。四十九個非洲國家和十二個南美國家中，元首或總理親自出席的略少於半數，其餘則派外交部長級代表列席。中美洲與加勒比海國家無一被邀，大概因為它們和美國太親近了。

不僅台灣報紙未見片紙隻字報導，歐美各國媒體也沒看重這個高峰會，會前新聞很少；唯有新華社替它發了條二百餘字新聞，此後即無報導。儘管受到國際媒體冷落，出席的非洲與拉丁美洲各國總統或總理們，仍然一本正經地高談闊論，把美國批評得體無完膚。

峰會發起人是反美最激烈的委內瑞拉總統查維茲，他明言ASA的目標就是要反對帝國主義，打破西方國家壟斷的市場。出席元首中和他一唱一和的，是利比亞終身制總統格達費（Muammar al-Gaddafi）。後者真會擺排場，抵達前就空運來一個龐大無比的帳篷，和一輛白色加長的冷氣裝甲轎車，使其餘各國元首為之側目。

其餘還有巴西總統魯拉、南非總統祖馬 (Jacob Zuma)、辛巴威總統穆加比 (Robert Mugabe)、厄瓜多總統葛雷亞、巴拉圭總統盧戈 (Fernando Lugo)、智利女總統巴契麗、玻利維亞總統莫拉瑞斯、阿根廷女總統費南迪斯、烏拉圭總統瓦斯格斯 (Tabare Vazquez)、阿爾及利亞總統布特佛利卡 (Abdelaziz Bouteflika)、奈及利亞總統艾杜瓦 (Umaru Yar'Adua)、坦桑尼亞總統奇威特 (Jakaya Kikwete)、幾內亞總統卡馬拉 (Moussa Dadis Camara)、剛果總統卡必拉 (Joseph Kabila)、葛摩聯盟總統桑比 (Ahmed Sambi) 與世界糧農組織執行長狄伍夫 (Jacques Diouf) 等人。

拉丁美洲與非洲位處赤道之南。過去在二十世紀裡，富強國家都在赤道之北，因而有所謂「南北對話」。這次高峰會特別標榜「南南團結」(South-South Unity)，要為拉美和非洲在國際組織中爭取更大發言權，並以行動顯示實力。

南美七國為表示誠意，先在會外簽署了一項協定，提供二百億美元專供非洲窮國申貸之用。這項決定引起與會領袖的共鳴，通過成立「南方銀行」(Bank of the South)，專提供長期低利貸款，協助非洲與拉丁美洲各國的經濟建設。為以身作則，南美六國已經正式簽署了入股意願書。

如此拋磚引玉，果然發生作用；委內瑞拉、利比亞和安哥拉都是石油出口國，三國總統同意合組油公司，取名「南方石油」(Petrosur)，將以較市價低廉價格賣原油給貧困國家。查維茲說，他已經在幫助茅利塔尼亞 (Mauritania) 興建一所煉油廠；如今願意再幫赤道幾內亞也蓋一所煉油廠，免受白人剝削。

越談越高興，格達費甚至提議，要在後年成立一個類似北大西洋公約的組織。這不是搞軍事同盟嗎？這位大獨裁者執政雖已四十年，還是第一次到南美洲，他顯然對「門羅主義」和美國視中南美為其禁臠的歷史，毫無所知，才會講這種話。

拉丁美洲與非洲高峰會結束時發表的大會聲明，長達九十五段；還有所謂「行動計畫」(Plan of Action)。但我搜遍各國政府網站，兼及國際性通訊社的新聞，竟然找不到全文。峰會主題雖高喊「消除差別，開展機會」(Closing Gaps, Opening Up Opportunities)，卻沒有設置官方網站、供世人閱覽的技術常識。會中通過設立「南方廣播網」(Radio of the South)，則比較輕而易舉，應該會做得到。

第一屆拉非峰會是三年前十一月在奈及利亞首都阿布加(Abuja)召開的。中間隔了四年。第三屆預定後年九月在利比亞舉行；彈高調容易，找主辦國家就沒有那麼方便了。

二十五、受AIT指示？阿扁犯了外患罪

（原刊九十八年九月三十日《聯合報》民意論壇）

和大多數人一樣，陳水扁委託美國律師正式在美向法院提出訴訟，要求歐巴馬總統在台灣啟動「美國軍事法庭」，將他立即釋放的新聞見報時，我只覺得他被羈押十個半月，精神有些失常，朋友們談起，都說「他發了神經病」。

直到看見阿扁本人八月五日親筆簽名、由林志昇代表，向美國法院提出的聲明，以及九月二十一日，委託兩位美籍律師李維和伊斯頓向美國法院提出的訴狀，我才瞭解陳水扁並未喪失心智，而且神志非常清醒，否則他不可能如此做。

我不知道阿扁曾否考慮過這樣做的後果，將使他除貪汙與瀆職罪嫌外，又犯了更嚴重的外患罪。《中華民國刑法》分則第二章第一〇四條明載：「通謀外國或其派遣之人，意圖使中華民國領域屬於該國或他國者，處死刑或無期徒刑。」

陳水扁八月五日親筆簽名的那篇聲明裡，明白承認他在八年總統任內，「屢次接受美國在台協會的指示，即使他們的指示干擾到我作為總統的決定權」。

八月五日那篇聲明裡，令人覺得不可思議之處還多。他說：《中華民國國籍法》不應適用於台灣人，

《舊金山和約》或《中日和約》都不合法。就台灣地位而言，美國仍舊是占領國，台灣的最高權力在「美國軍政府」手裡，因此唯有美國軍事法庭才對台灣有管轄權。

阿扁最後說，基於上述理由，他願意在審判時出庭美國最高法院陳述，因而支持林志昇代他提出的移轉審判狀。他也向歐巴馬總統陳情；白宮發言人已經表示「不予評論」。

本案既牽涉到外患罪，檢調機關不可等閒視之。特偵組有責任徹查，法院更應嚴肅面對。否則別國真會干涉到台灣的內政了。

二十六、歐巴馬和胡錦濤較勁

（原刊九十八年九月二十八日《中國時報》時論廣場）

過去這一週，占據國際新聞焦點的，無疑是歐巴馬和胡錦濤。這兩位世界超強領袖先在紐約聯合國大會總辯論中，同一天發表演說；並分別與重量級國家元首單獨會晤。然後各自乘坐專機，飛到賓州的匹茲堡，出席G20（實為二十五國）的高峰會。

表面看來，兩國似乎推誠相見，共謀解決全球面對的金融風暴與溫室氣體排放問題。實則有如美國電影裡常見的兩名壯漢，在啤酒館內「較手勁」。雖然面前各擺了一只大玻璃杯，裝滿一公升啤酒，兩人也滿面笑容，但誰也不肯相讓，使圍觀群眾看得目瞪口呆。

第一次拚場，是二十二日由聯合國祕書長潘基文召開，歷時一整天的氣候變化高峰會。胡錦濤提出中國的減碳計畫，承諾十五年內減縮到二〇〇五年的水準，並在二〇二〇年達到使用能源中，有一五％來自再生能源。數字具體，獲得參與《聯合國氣候變化綱要公約》（*United Nations Framework Convention on Climate Change*，簡稱UNFCCC）各國激賞，胡贏了第一回合。

第二回合，是兩人在聯合國大會總辯論時的演講。二十三日台北時間晚九時，CNN全程轉播歐巴馬在聯大的演講，態度坦誠，胸襟豁達，令人折服。演講要點有四：㈠美國將以身作則大量裁減核武；㈡要求以色列和巴勒斯坦談判，實現和平共存；㈢美國對保護環境因應氣候變化，責無旁貸；㈣發展經濟必須使全世界國家均蒙其利。歐巴馬可謂扳回一城。

第三場是星期四晚，CNN又轉播討論裁減核武的安理會第一八八七次會議。聯合國六十五年歷史裡，由各國領袖親自出席的安理會高峰會議，這才是第五回。九月恰巧美國輪值主席，歐巴馬首次坐在圓桌形的主席位上，旁邊是潘基文；國務卿希拉蕊只能像跟班一樣地坐在她老闆身後。

安理會其餘十四國都由元首親自代表，包括胡錦濤、俄總統梅德維傑夫、英首相布朗 (Gordon Brown) 和法總統薩科齊。美國前國務卿季辛吉 (Henry Kissinger) 與舒茲 (George Shultz) 也來旁聽這個歷史性的場合。歐巴馬口才便給，先天占盡優勢。而胡錦濤講話時，只有祕書處譯員口譯，牛津口音聽來很不順耳；講演內容也都是北京對外宣揚的老套，無法和歐巴馬相比。這一場仍由美國領先，總共三場的成績是二比一。

匹茲堡的G20峰會，除星期四晚的國宴外，實際只有星期五整天。會後發布的公報卻長達二十頁，超過一萬字。台北沒有一家報紙把它摘要譯出，有點可惜。這是篇針對全球金融風暴，分析造成原因，並詳盡列出對策的文獻。限於篇幅，只能舉要點如下：

1. 設定政策與共同合作架構，恢復經濟成長 (Strong, Sustainable and Balanced Growth)。
2. 確保金融管制機構對銀行與金融行業嚴加管理 (Rein in the excesses that led to crisis)。
3. 指定G20為今後國際經濟合作首要論壇 (Premier Forum)。
4. 設立「金融穩定委員會」(Financial Stability Board，簡稱FSB)，邀請主要新興經濟體參加。
5. 調整國際貨幣基金 (International Monetary Fund，簡稱IMF) 配額；將過去超額受配國家之配額，重行分配予新興國家。

6. 撥款五千億美元，透過ＩＭＦ「新貸款額」（New Arrangements to Borrow，簡稱ＮＡＢ）貸予需要救濟國家。

Ｇ20高峰會這公報，牽涉範圍極廣。它要為世界貧苦人民爭取食物、燃料與補助金；要逐步取消以低效率的石油作為能源的補貼；要反對貿易保護主義；要在明年完成杜哈談判（Doha Round）並在今年十一月在丹麥哥本哈根通過《氣候變化綱要公約》。

Ｇ20口氣之大，確實有取代安理會態勢。它預告明年六月將在加拿大、十一月將在南韓開會，以後才改為每年只開一次高峰會，二〇一一年將在法國舉行。國際間有這樣一個新權威性機構出現，胡錦濤和歐巴馬也免得較勁了。

二十七、完整配套　開放賭禁何妨

（原刊九十八年九月二十七日《聯合報》民意論壇）

昨天澎湖縣公民投票結果，否決了博弈案。衛道之士歡欣鼓舞，覺得他們成功捍衛了國民道德，替台灣留下一塊乾淨土。

這些人若非太天真，就是不願正視台灣社會醜陋面。從南到北，大小城鎮哪一處沒有受黑社會幫派分子控制的地下賭場？

世界已經進入二十一世紀了，台灣早該摒棄假道學的面具。歐洲有蒙特卡羅 (Monte Carlo)、列支敦斯登 (Liechtenstein)；美國有雷諾 (Reno)、拉斯維加斯 (Las Vegas) 和大西洋城 (Atlantic City)，社會也未到道德淪喪的地步。

我認為如有完善配套措施，開放賭禁並無不可：

首先，可以限制進入賭場者的資格。如南韓華克山莊便禁止本國人進入，外人不受限制。

其次，本地人只要提得出上一年度繳交所得稅超過三十萬元，表示他玩得起，不致傾家蕩產，也可憑報稅證明進去賭錢。

或許又有人質疑，如果經營者對規定陽奉陰違，放任阿貓阿狗都能進去試試手氣，那時怎麼辦呢？以拉斯維加斯為例，內華達州設有博弈管理委員會，執法極為嚴格，只要查出任何違反法令情形，輕者處以鉅額罰款，重則吊銷執照。開設一家賭場，投資至少幾十億元，沒人會冒被罰關門的危險。

正如娼妓是世界上最古老的職業，賭博乃是最古老的遊戲。除毛澤東早期的中國外，世界上沒有一個國家曾經有效地禁絕賭博。澳門賴賭場吸引遊客，大陸亦未禁止。我們要對台灣社會有信心，以平常心看待博弈事業。

二十八、紐約的外交季節

（原刊九十八年九月二十一日《中國時報》時論廣場）

在紐約工作了十六年，我深知歐美國家外交官的習慣，乘暑期到海濱勝地休一、兩個月的長假，九月中旬才回到工作崗位，今年只略為提早。首先登場的是第六十四屆聯合國大會，九月十五日開幕，較往年約早一週，選出任期一年的聯大主席，竟是利比亞外交部長崔基（Ali Treki），反映出美國在這個組織裡的影響力，日漸衰微。

聯大開議後的兩三個星期，是所謂「總辯論」（general debate）時間，專供各會員國元首或總理來聯合國大廳亮相，天南地北高談闊論一番，讓隨行媒體向國內報導，顯示他在「拚外交」。真正有意義的，是各國領袖在會外單獨約晤，媒體一無所知，那才叫做辦外交。

紐約是第一場地。第二場地則是預定本週四晚上在賓州匹茲堡揭幕的G20高峰會。今年變成「20＋5」，除原本十九國和歐盟外，地主國歐巴馬總統又增邀了西班牙、荷蘭、瑞典、泰國與新加坡，比最早的G8「富人俱樂部」擴大了三倍。這是因為世界輿論不滿安理會只有五強是常任理事，修改憲章又曠日費時，趨向以G25取代安理會的功能。

美國不見得願意放棄安理會的否決權，但也不反對參加民意支持度較高的G8蛻變到G25的安排。嚴格說來，最初的G8只是這些國家的中央銀行總裁和財政部長每年一度討論國際財經的集會。直到去年金融風暴席捲全球，才由各國元首或總理親自出馬，商討如何共度難關。去年十一月舉行第一次高峰會後，今年四月再度召開，二十四、五兩天僅是第三次。世界經濟困境雖略見改善，無人敢斷言是否已觸谷底，這是峰會的原因。

早年遊過匹茲堡的人，一定知道那是美國鋼鐵業發祥之地，終年受煉鋼廠釋放煤煙之苦，既骯髒又陳舊，對觀光客毫無吸引力。歐巴馬為何選在這座城市招待各國領袖呢？白宮發言人解釋說，因為匹茲堡招攬新投資成功，從拜耳大藥廠到美國鋁業公司都來設廠。它也有從奈米研究所到安迪．沃荷博物館那樣的文化建設，因而歐巴馬要向各國宣揚這個像鳳凰浴火重生的城市。

消息宣布後，賓州州長倫德爾（Edward G. Rendell）和匹茲堡市長雷文斯塔（Luke Ravenstahl）興奮無比，立刻到紐約外國記者俱樂部去演講招攬，並開設官方網址 www.pittsburghg20.org，供各界閱覽。其實只要是高峰會，全球媒體會不請自來。主辦城市該做的是提供設備齊全的新聞中心，使估計將達二千名左右的各國記者，二十四小時傳送新聞，不受延誤。

雷文斯塔市長有件事做得很漂亮：他預料歐洲左傾的「前進分子」一定會聯合美國的嬉皮族，到匹茲堡示威抗議。因此先把市中心最大的停車場，免費借給這批人四天。後者也立即開設「反抗G20網站」(Pittsburgh G20 Resistance Project)，招兵買馬，準備大鬧一番。

當然，市長也和州長商議好，從鄰近縣市緊急借調數千警力，前來支援。匹茲堡有三條河流通過市內，海岸巡防署答應派來快艇支隊，二十四小時巡邏。市內的百貨公司與商店則已買好大批三夾板，有暴動時可以釘在玻璃櫥窗外面，免受破壞。市政府還把街道上所有空白牆壁，先噴上防止用油漆罐塗鴉的化學劑，免得事後洗刷不掉。

G25高峰會要談些什麼？這次有兩個主題：全球經濟衰退的對策，與如何減少溫室氣體排放。無論談哪個題目，美國勢必成為眾矢之的；世人都等著看作為地主國元首的歐巴馬，能否招架得住各國的冷嘲熱諷。高峰會從星期四晚的國宴開始，重頭戲實際集中在星期五那天。各項決議與文告，依照國際會議慣例，已獲與會各國領袖批准。

早在九月上旬，G20的財政部長和央行總裁在倫敦集會，就為替高峰會準備對外宣布的文件。媒體報導說，各國財長在激辯之後，確實做出些具體決議。讀過美國財政部長蓋特納於九月八日在會中講詞（見America.gov on Facebook網站）的人，應可感受到他的誠意。預備會的決定是否符合世人期望，週五就可見分曉。

不論在紐約或匹茲堡，坐擁兩兆多美元外匯存底的大陸主席胡錦濤，永遠是眾所矚目焦點。他本週初應會飛抵紐約，但為避免藏獨和疆獨鬧事，新華社不會事先透露。我判斷就是這兩天，他會在聯合國大會演講，星期四才到匹茲堡出席「20＋5」峰會。事後續訪什麼國家，要等新華社宣布了。

二十九、高鐵爛攤子……誰被騙了

（原刊九十八年九月二十一日《聯合報》民意論壇）

報載明天高鐵召開臨時董監事會時，由於公司經營不善，積欠債務達四千六百餘億元，連利息都付不起，官股將接手經營，預定由現任執行長歐晉德接任董事長。

這是馬政府繼改組內閣後，又一次展現魄力，除舊更新，強勢主導改革的動作。我相信不分藍綠，大部分在台灣的人都會鼓掌贊同。

台灣高鐵當年與中華高鐵公司競爭得標，就因以BOT方式興建，且強調政府零出資，對政府似乎有利。從一九九七年得標定案，二〇〇〇年土建工程開工，到二〇〇七年通車，跨越了藍綠政權。至於殷琪本人支持民進黨，乃至歡迎達賴喇嘛來台，是她個人的政治信仰，與此次接管無關；政府接手經營，更沒考慮過其他因素。

高鐵怎麼會瀕臨破產邊緣呢？首先是先天不足，台灣高鐵公司本身資本不足，卻要蓋五千一百三十三億元的高速鐵路，正如俗語「貪心不足蛇吞象」。多虧政府找了二十五家銀行聯合貸款三千二百三十三億元給她，才能委託日本新幹線設計並監督施工。

殷琪何等聰明，她一方面是「業主」身分的高鐵董事長，另一方面又是「承包商」大陸工程公司董事長。公開招標不過掩人耳目而已。雖然左手拿錢交給右手施工，平心而論，在日本工程師監督下，高鐵整體工程做得不錯。偶有小事故，無傷令譽。

兩年半來，全長三百四十五公里的高鐵，營運已上軌道，每日乘客平均達八萬七千人。原本經營島內航線的航空公司，若非倒閉就是緊縮班次。乘客們對高鐵列車行駛的速度雖然滿意，對高鐵沿線車站都設在鳥不下蛋的荒郊野外，卻嘖有煩言。

殷琪原本的盤算，是藉興建車站為名，買下附近土地開發，以圖暴利。但事與願違，大部分車站四周至今仍是一片荒涼，淒慘無比。

錢已經賺飽了，殷琪雖還想戀棧，政府不能不接管這個爛攤子。當初這五千多億元，歸根究底都是人民繳稅的血汗錢。政府有權利收回自營。殷琪若感覺受騙了，老百姓有權說，受騙的是我們。

三十、回首六十年 台灣多少變遷？

（原刊九十八年九月十八日《聯合報》名人堂）

大陸在慶祝建國六十週年，台灣也在紀念政府遷台屆滿一甲子。各報充滿懷舊文章；坊間至少出版了五本紀念性的書，包括龍應台那本在內。

我查資料，民國三十八年九月，蔣廷黻剛在聯合國安理會否決掉外蒙入會案；孫立人才接任台灣防衛司令。蔣中正本人則還在四川。但中國歷史上人數最多、歷時最短的人口大遷移已經開始。二百餘萬軍民在幾個月內湧入，寶島人口驟然增加三分之一。新移民雖然帶來若干好處，也造成許多前所未有的問題。

集菁英人才之力 建設寶島

今日回顧，就國家安全而言，撤退來台的胡宗南、湯恩伯等部國軍，成功捍衛了最後這塊淨土。劉安祺部駐守金門，因古寧頭大捷，使共軍不敢再來犯境。但軍隊只是國防的一個環節，政府遷台最大的貢獻，是帶來了原本治理全國的菁英人才，集中力量建設寶島。

如果沒有尹仲容、李國鼎、陶聲洋、趙耀東這批人，台灣經濟不會這麼快起飛。如果沒有錢穆、傅斯年、牟宗三、臺靜農這些大師鴻儒，台灣人文社會不會有今天這樣百花齊放。同樣地，如果沒有雷震、殷海光乃至施明德，台灣不會這麼快民主化。如要列一張「政治試算平衡表」，這些前輩都是我們的共同資產。試算表當然也有負債一欄。大陸時期，國民黨內部早已開始腐爛；來台後雖成立改造委員會，效果不彰。威權制度下，移植過來的中央政府組織與官僚體系，瑕疵互見；但當政者的苦心也不應隨便抹殺。等蔣中正五十五年不曾間斷的手寫日記全部影印出版後，功過是非自有公論，不是反對黨信口開河，就能隨便抹殺的。

是非功過難磨滅　都是資產

蔣中正逝世後，嚴家淦短暫繼任，蔣經國時代隨即來臨。民間不問省籍，至今仍懷念這位自奉儉樸，親民愛民的領袖。蔣經國不會操台語，卻深知民間疾苦。十大建設最令人難忘的，是他「今天不做，明天就會後悔」那句話。他向《華盛頓郵報》(*The Washington Post*) 前發行人葛蘭姆 (Katherine Graham) 說，蔣家不會再有第三代人從政，震動台灣，顯現出無比的智慧與氣度。

有一點從來無人提過：蔣氏父子在台執政三十幾年中，從無一人因主張台獨而被處死刑。今日即使極端台獨分子，只能舉「二二八事件」作反對外省人的理由。其實一九四七年時，蔣中正在南京忙於剿匪，蔣經國則在贛南，和二二八扯不上關係。一九七九年美麗島事件雖然鬧得天翻地覆，當時被捕者幾年後均獲釋放，成為他們後來從事政治的無形資本。

民主運動催生了民進黨，萬年國會走入歷史。更重要的，是台灣已向兩黨制度跌跌撞撞地緩慢移動。李登輝十一年總統任內，明為國民黨主席，暗中鼓勵台獨，台灣從威權體制逐漸轉型成民主。

刺激大陸民主進程　未來考驗

陳水扁執政八年，因貪婪而身敗名裂。夫婦兩人至今仍在涉訟，民進黨要存活下去，必須和阿扁劃清界限，放棄不可能達成的獨立夢想，致力完成台灣現代化與民主化，這是蔡英文面臨的考驗。

馬英九執政，內求團聚全國人心，外與大陸從對立改為對話，想在求同存異前提下，和平競爭；民調顯示支持比率超過反對。不論他能否連任，拿台灣的進步，刺激大陸加速民主化，才是今後六十年最大的考驗。

三十一、鳩山內閣能改變日本？

（原刊九十八年九月十四日《中國時報》時論廣場）

後天亦即九月十六日，八月三十日選出的日本特別國會將正式開議，選出民主黨黨魁鳩山由紀夫出任第九十三屆首相，開始日本政治史上一個全新的時代。

鳩山上台，有兩點意義，也引發兩點疑問：首先，他顛覆了自民黨結合政閥與財閥勢力、壟斷日本政局六十年的局面。但是他能使民主黨，更準確一點說，民主黨與社民黨、國民新黨的組合體，成為日本第二大黨，推動日本走向真正的兩黨制度嗎？

其次，日本面臨的挑戰，是左抗全球金融風暴的襲擊，右與迅速崛起的中國賽跑。他能做到擺脫與美國亦步亦趨的舊形象，與中國大陸分庭抗禮，仍然保持全球第二最富裕國家的地位和聲望嗎？

擋在這兩個課題前面的，有一堆目前難以預知的因素，可以綜合成三點：

第一，是鳩山拯救日本經濟的主張，即所謂「友愛」哲學。他發表了〈我的政治哲學〉一文，闡述他的理念來自法國大革命三個口號之一的「博愛」（法文 Fraternite）。他認為，經濟全球化演變至今，已經傷害了傳統經濟方式。日本需要更重視保育自然環境，重建福利國家制度，大量投資醫療體系，提供更好的教育和育兒補助，縮小日漸擴大的貧富差距。

在競選期間，他批評自民黨首相小泉純一郎的改革，只帶來負面效應。鳩山說：小泉執政時期，自民黨奉行美式的自由主義改革，後果是貧富懸殊，貧困人口比例上升，致使日本經濟抵擋不住金融風暴，面臨百年來最嚴重衰退，失業人口大增。他認為解救之道唯有還富於民，讓百姓得到實惠，再刺激和擴大內需，使日本經濟由外銷主導改為內需主導。這是他搶救經濟的處方。

他開出的支票確實動人，鳩山向選民承諾：如果他當選，初中以下的兒童，每人每月津貼二萬六千日圓，公私立高中免除學費；廢除汽油稅暫定稅率；除少數大都市外，免收高速公路費；失業人員重新接受技術訓練者，每月可獲十萬日圓的生活津貼；退休人員每月至少可領養老金七萬日圓。如此慷慨的保證，是民主黨大勝的關鍵。

第二，鳩山本人家世富有，祖父鳩山一郎是自民黨創辦人。這樣的出身，能否把他的信念擺脫右有自民黨，左有社會黨和共產黨的牽制，逐一付諸實施呢？沒人敢打包票。沒錯，在眾議院四百八十席中，民主黨一舉拿下了三百零八席，遠遠超過半數，自民黨則潰不成軍。那麼鳩山為何還要跟另外兩個小黨結盟呢？答案是在參議院裡，民主黨仍未過半數。

有結盟黨，組閣時少不得要分幾個部長位置作為回報。社民黨的福島瑞穗和國民新黨的龜井靜香都會入閣。不僅分給幾個官位而已，在大政方針上，也要顧到這兩個友黨的意見。有協商就必有妥協，鳩山競選時開出的支票會不會打個七折八扣呢？史上不乏前例。

第三，全世界都知道，日本陷入經濟困境非自今日始，五、六年前就有停滯不前的現象了。鳩山的還富於民主張，說起來固然頭頭是道，但到哪裡去找這麼多錢？我看過一份資料，鳩山的改革計畫將分四年實施，所需款項約等於日本GDP的百分之三點五。這些錢將從裁減政府員額，削減公共工程項目，和增發國債來籌措。換句話說，節流重於開源。

另外一份資料顯示，日本國家債務總額達八百八十九兆日圓，相當GDP的一點七倍。若和其他富國比較，英國國債只有GDP的零點五倍，美國零點六倍，法國是零點七倍。

就外交政策而言，如何適應強鄰中國的反日情緒，消除大陸對日本作為美國「馬前卒」的疑慮，是一個課題。而怎樣調整與美國臍帶共生的關係，是更不易處理的難題。鳩山已經把話說在前面，他就職後，不會去靖國神社參拜，表示他將切斷與舊日軍國主義的最後連繫。他也承諾要和華盛頓談判，修改《美軍駐日協定》，目的在使美軍讓出本島與琉球占用多年，廣達千百畝，如今市價以千億日圓計的基地。

鳩山由紀夫心裡很明白，在民主黨內部，他必須和小澤一郎和諧相處。若非小澤的祕書去年因捲入違法獻金醜聞，迫使小澤卸下民主黨黨魁一職，鳩山今天不可能攀上首相寶座。上台之後，他又須在最短期間，使日本經濟起死回生，否則明年改選參議院時，流水般的民意可能讓他一鞠躬下台，這就是日本政治永遠像馬戲團走鋼索的原因。

三十二、劉揆總辭 為馬解套

（原刊九十八年九月八日《聯合報》民意論壇）

總統府發言人王郁琦昨天下午五時後在記者會上講的話，前面一段已由劉兆玄院長本人稍早前在新聞局記者會上宣布。但王發言人繼即透露新任行政院正副院長由吳敦義、朱立倫接充，著實有點出人意外。

就程序而言，行政院要等到九月十日上午舉行例會，才提出內閣總辭案；無異議通過後，再呈報總統批核。此刻府方搶先越俎代庖，難免予人以迫不及待的印象。有什麼原因要這麼急迫嗎？

平心而論，劉內閣本就先天失調，被席捲世界的金融風暴吹得暈頭轉向。上月又遭遇慘絕人寰的八八水災，如果要追究責任，分明是從縣市到鄉鎮各級地方政府顢頇無能、遷延推拖、縱容不肖人士濫行砍伐森林、開墾坡地、種植檳榔、與溪流爭地、阻斷河川所造成的惡果。

如此重大的災難，總要有人引咎負責。有線電視各台每晚的政論節目，名嘴們個個義憤填膺，氣氛火爆，矛頭直指總統府。問題在於《中華民國憲法》明文規定，總統任期四年，要到民國一〇一年五月十九日才屆滿。馬總統廉潔自持，嚴格遵守憲法，要他一肩扛起八八水災的責任，不但與事理不符，也難令人信服。

馬總統與劉院長兩人都為政府施政滿意度跌到谷底，憂心忡忡。總統既無法辭職以謝國人，行政院長為表示負責而自動請辭，可能是最好的解套辦法。

吳敦義接任閣揆，甚孚人望。他雖比劉年輕五歲，從政經驗卻更為豐富。吳的長處是思路敏捷，熟悉政治生態，口才好，反應快，無論記者如何逼問，他都能應付裕如。有他擋在前面，馬總統更能貫徹他把細節交給行政院，空出時間來思考大政方針的構想。

立法院正值休會期間，要下月初才開議。憲法修正後，行政院長任命無須徵求立院同意。吳敦義做過委員，熟悉立法院生態，以他的個性與作風，定可面面俱到。他有充分時間去考慮部會首長人選，不必急於揭曉。希望他最後拿出來的新閣名單，能使人耳目一新，對馬政府的總體評價有加分作用。

三十三、《百丑圖》序

（原刊吳兆南《百丑圖》）

相聲大師吳兆南先生，享譽兩岸數十年。最近因愛妻逝世，心情欠佳。他在台灣指導「台北曲藝社」，弟子數十人，男女都有，奉他為老師或太老師。這班學生們為替他稍減寂寥，慫恿他每天化妝，扮成一齣京劇裡的丑角，總共一百齣戲，命名為《百丑圖》。

我既愛看京戲，又喜歡聽相聲。退休返國十一年來，曲藝社凡有演出，十有九次我都買票捧場。日積月累後，曲藝社把我當成他們的一分子，甚至邀我同享去年的年終聚餐。吳先生要我替本書寫篇序文。用他常說的話，是「趕鴨子上架」，使我無從推辭。

不分中外，丑角在任何劇種裡都有他特殊的地位。唐明皇李隆基寵愛楊貴妃，自己也精通音律，宮中設有教坊，專門演戲以悅君王，載於史冊。京戲班子無論在哪裡演出，後台供奉的「祖師爺」牌位，據說就是他。更有人說，唐明皇當年扮戲時，拿一塊很大的玉珮遮住臉，群臣為之捧腹，就是今天丑角臉上白粉畫的倒三角形，俗稱「豆腐塊」的起源。

愛好京戲的朋友告訴我，在劇團裡，丑角的地位極高。除非那天演的戲有關聖帝君，須由扮他的淨角先畫臉之外，其餘任何戲碼，所有演員都要等丑角開始化妝後，才能動手妝扮。劇團有很多迷信，如不許坐在裝戲服的衣箱上，僅丑角有此特權。

雖說到清朝後半，徽班進京，皮簧戲才變普及，中國戲劇的歷史自唐宋以來，從未間斷。存世的元人雜劇和明代傳奇，超過一千齣，其中都有丑角。因此俗語有「無丑不成戲」或「丑是戲中膽」之說。

為什麼呢？丑角不止服裝奇特，動作誇張，最重要的是亦莊亦諧，自然成趣。不要看不起丑角的插科打諢，劇團俗語叫做「抓哏」，在詼諧風趣中常隱藏了機智幽默。當面直說容易得罪人，尤其在封建時代，對掌握生殺大權的君王更不能直言，唯有丑角可以拿一句玩笑話，繞彎子提醒皇帝。

西洋歌劇裡也有丑角，頭戴尖尖的長帽，身穿花花綠綠的衣裳，叫做 buffoon，他的表演稱為 buffoonery。十八世紀中葉，義大利還發展出以丑角為主的笑劇，義文稱為 opera bufa。即使在一般歌劇裡，丑角出場還有專門陪伴他的樂器，就是低音木管 (Bassoon)。

京劇有文丑和武丑之分。「貴妃醉酒」的高力士、「審頭刺湯」的湯勤、「群英會」的蔣幹屬於文丑；「三岔口」的劉利華、「九龍杯」的楊香武、「時遷盜甲」的主角則是武丑。我幼時隨父親聽過梅蘭芳的戲，因此還記得蕭長華，今天在台灣，不聞此名久矣。

是為序。

民國九十八年九月・台北

三十四、達賴　聰明反被聰明誤？

（原刊九十八年九月七日《中國時報》時論廣場）

達賴喇嘛來台，日程一再緊縮，前後號稱五天四夜，實際只有四天。他八月三十日晚九點五十分才飛抵桃園機場，原定在機場舉行記者招待會，主辦單位臨時宣布取消。九月四日清晨搭機離台，記者圍成數圈，場面混亂失控，更不可能有系統的發言。綜觀此次訪台經過，如果有點「鎩羽歸去」的感覺，要怪邀請他來的民進黨南部七縣市首長。

他九月一日在高雄漢神巨蛋舉行祈福法會，確實有許多藏傳佛教信徒簇擁禮拜，還有殷琪的四名保鏢貼身護衛。法會現場擠滿近萬信徒，一部分或許是純粹出於好奇而來的群眾，但旅台藏族人士和佛教信徒仍居絕大多數。總結而言，此行在表面上總算風光。但達賴內心深處感觸如何，恐怕費人思量。

作為第十四世「活佛」，達賴本來真名叫「拉莫頓珠」(Lhamo Dondrub)。等他成為西藏政教首領後，藏名才變成「丹增嘉措」(Tenzing Gyatso)，「嘉措」這個字是歷代達賴喇嘛的共同尊號。他在一九三五年七月十五日才出生，上距第十三世達賴「土登嘉措」圓寂，相隔二年之久。有說他是漢人，至少他並非生在西藏，而是生在青海省塔爾寺附近一個姓趙的漢人家。

為了尋找這位轉世靈童，西藏政府派出格桑克邁賽等一行，根據占卜指示，向東方尋找；民國二十七年在青海發現了他。那時中國抗日戰爭進入第二年，政府已遷到重慶，對此十分重視。蔣公當時以行政院長兼任軍事委員會委員長，特別電令青海省主席馬步芳派員護送這個不滿四歲的神童去拉薩，還撥發十萬塊大洋，作為護送費用。

民國二十九年二月二十二日，達賴「坐床」也即登基大典，政府特派蒙藏委員會委員長吳忠信前往拉薩主持，帶去坐床經費四十萬塊銀洋。

九年後政府遷台，吳忠信後來與我很熟。我問過他：怎麼才知道轉世者真是達賴活佛呢？吳說，確實很靈異，為要測試他，把一大堆真的和假的物品放在這個四歲孩子面前時，他隨手抓的竟然都是第十三世達賴的遺物，一面還不停地說「這是我的，這是我的」，竟然毫無差錯。

因為實在神奇，連傳統的「金瓶抽籤」也都免了。抗戰時期，從重慶千里跋涉到西藏，辛苦可想。那時英、日尚未開戰，吳忠信回程索性取道印度，從新德里飛返重慶；反映出的另一現實，是印度繼承了大英帝國十九世紀時覬覦西藏的野心，但要到十幾年後才會呈現。

孩童時的達賴，表面雖至高無上，實際除偶而在布達拉宮 (Potala Palace) 露面，賜福信眾外，所有時間都在接受活佛教育，苦讀經書，政權操在「噶夏」(相當於內閣) 手中。傳統的西藏社會貧富懸殊，農奴辛勤終年，不敷溫飽。地主可私刑拷打奴僕，殘忍的程度令人髮指。所以中共一九五〇年解放西藏後，首先厲行土地改革，剝奪了地主富豪的特權，種下今日西藏上層人士反華的根苗。對於藏傳佛教信仰，則因統治以安定為先，未加干涉。

一九五九年五月，發生「西藏抗暴」事件。十五歲的達賴出走，受到印度庇護，在喜馬拉雅山腳的達蘭薩拉 (Dharamsala) 建立基地，成立西藏流亡政府。基於宗教信仰和獨立信念，藏人紛紛投奔，現已聚集十餘萬人，但各國凜於中國態度，不敢予以承認。達賴來台，只能持印度發的「身分證明」，入境雖受優遇，被視同「無國籍人」處理，自取其辱，不能怪台灣。

達賴本人聰明絕頂，說英文生動有力，與文法是否通順無關。他最大的長處是能洞察世事，口才便給，圓融通達，隨時可變以適應環境。舉例而言，他雖在西方備受尊崇，但也瞭解外國人對轉世之說，難以置信；所以從不以活佛自稱，改用「法王」二字，模糊了含意。外國人稱他為 His Holiness，則是借用對教皇的尊稱。這次來台，一再修改行程，深入災區慰問，都充分表現出他的機智敏銳。

他唯一閃躲迴避、不肯直言的問題，反而是對於西藏獨立的基本態度。達賴對藏人或支持他的團體如「達賴喇嘛基金會」等如何說詞，外間並不清楚。但面對西方媒體時，我的記憶是他從未高喊「獨立」口號，僅以「高度自治」為訴求。

縱有許多長處，他這次來台所犯的基本錯誤是只記得上回訪台時受馬英九百般優遇，低估了兩岸擱置爭議，求同存異的和解趨勢，以致到處吃閉門羹。更大的錯誤，是他完全不瞭解台灣政治情況，不知民進黨邀請他，只為想使政府難堪，貿然而來，被人利用了。

三十五、記者節感言　媒體迫切需要自律

（原刊九十八年九月一日《聯合報》民意論壇）

大學讀的雖是外交系，我在四年級時已經天天蹺課，實際在南京《大剛報》做採訪記者，跑過國共和談、制憲國民大會和立法院的新聞，畢業後做過廬山特派員和上海辦事處主任。當年採訪夥伴多已去世，只留我形單影隻。因而想以老記者身分，略抒個人所感。

「新聞記者」一詞的範圍，今日比南京時代擴大了幾十倍。年輕人無不嚮往記者的頭銜，擠破頭想進入媒體工作。但社會對廣義記者的評價卻每下愈況，甚至有人說，台灣的「三大害」依序為：貪官汙吏、立法委員和新聞記者。

這當然是過甚之詞，絕大部分的新聞從業人員都是潔身自愛、報導公平公正、既不譁眾取寵、也不造謠生事的。只要幾粒老鼠屎，就能糟蹋一鍋粥。隨手舉兩個例：

1.極少數視聽或文字記者，確實曾為搶「獨家報導」，故意安排聳人聽聞的事件。例如上月所謂捷運站出入口大玻璃窗被強力彈珠打破，實際是「製造出來的新聞」，使人對媒體更難信任。

2.名嘴誹謗公眾人物被訴的事例更多。從謝啟大因不肯向曾文惠道歉，寧可入獄服刑，到周玉蔻在各報刊登半頁封面廣告，以一朵玫瑰花向連戰說對不起，都是因在媒體上口不擇言而起。

半個多世紀前，我去哥倫比亞大學就讀新聞研究所。給我印象最深的，莫過於美國報業自律之嚴謹。《紐約時報》是第一家設立「新聞公正調查人」(Ombudsman)的報社，負責對內查核該報每天的新聞是否公正，有無摻雜記者個人意見。

美國稍有地位的報紙紛紛效法，設置對內檢查新聞的人員，以示對社會負責，如今已有協會組織，互通聲氣，讀者因此也更信任報業的公正。台灣徒有報業協會和記者公會，但中國人講究情面，沒人肯做鐵面無私的裁判；要模仿這個制度，恐非易事。

退而求其次，新聞媒體至少應做到下列幾點自律：

一、無論平面或視聽傳播事業的編輯部，應嚴禁記者撰稿時「夾敘夾議」，讓新聞歸新聞，評論歸評論，類如「有關方面透露」、「據悉」、「眾信」等含糊不清的字眼，其中必定摻有記者個人意見，而非採訪對象所說，尤須盡量避免。縱使為保護新聞來源，必須隱匿供給消息者的真實姓名，負責編輯和總編輯仍有責任向撰稿記者問個一清二楚。

二、前條所述新聞與評論不分的情形，在電視界尤為嚴重。電視記者短短幾句話，往往能影響聽眾判斷，導引輿論方向，將報導與講評「一元化」了。八八水災後，電視記者簡直變成檢察官兼法官，隨便指責各級官員，抵抗不住媒體壓力的只有辭職一途。治本清源之道，仍不外厲行分割新聞與評論的界限，希望NCC各位委員能盡到監視所有頻道的職責。

三、台灣特有的現象，是新聞記者不安於位，總要巧立名目，自抬身價。台灣特多「資深媒體人」，幾年後未得升遷，就搖身一變成為電視名嘴。相形之下，我認識《華府郵報》一位老外交記者，因敬業而受同行尊重，跑外交新聞超過三十年，他的薪水比總編輯還高。如何培養專業記者的榮譽感和自尊心，是報社負責人、總編輯責無旁貸的任務。

《出版法》早已廢除，廣電業又無人敢管。以上各種怪現象若不能改善，台灣的新聞事業縱使再發達，也難受到外國同業的尊重。

三十六、馬兩岸立場　綠營難再質疑

（原刊九十八年八月三十一日《聯合報》民意論壇）

昨天，達賴喇嘛持印度政府所發的「身分證明」抵台。我向外交部朋友查證，據說我國駐印度代表處對發簽證給他和隨員一事，有點躊躇。華航也不敢讓他們隨便登機，最後的決定是讓他和隨員們在抵達桃園機場後，申辦落地簽證。

達賴所持既非正式護照，只是身分證明，依現行法律規定，他們既不是外國人，也不是中國人，只能算是「無國籍人士」處理。其間差異雖極細微，所含政治意義卻值得玩味。

民進黨南部七縣市首長想出這一著奇招，擺明了是要使馬政府難堪。即使只用膝蓋去想，都可知居心不良，只為要「將馬英九一軍」，卻喪失了人民對民進黨擺脫陳水扁貪汙陰影的期望。

民進黨籍的前行政院祕書長陳景峻一語破的：他批評民進黨以救災為詞，搞政治小動作，是「短多長空」，只會喪失人民對該黨的信任。相對而言，任何人只要持平地瞭解馬政府處理這個燙手熱山芋的經過，反而會給馬英九加分。

《聯合報》二十八日報導馬本人花費五小時的決策過程，有三件事令我印象深刻。其一是馬親自撥打電話給蕭萬長、劉兆玄、王金平、吳伯雄和吳敦義幾位，徵詢他們的意見，創下了集思廣益、和衷謀國的先例，足為今後兩年九個月的楷模。

其二，是馬總統一點都沒拖泥帶水，或重彈什麼總統應該站在第二線的陳腔濫調。他拿出了應有的魄力，當機立斷，准許達賴來台。如有錯誤，自然也由他一肩扛起責任。人民期望於他的，正是這樣的心胸與負責感，僅此一事，已把他就任以來的許多批評，一掃而空。

其三也是最重要的一點，從決策過程只有五小時，可證明馬政府作出准許達賴來台的決定，沒有時間也不可能向北京探詢會如何反應。

大陸也很夠意思，雖然發表了一篇強硬聲明，從頭到底罵的都是民進黨，其餘則一筆帶過。新華社繼續發出有關達賴來訪的新聞，則是駐台記者引述各界人士批評綠營的話，謹慎得很。

總之，決策如此迅速乾脆，使民進黨今後無法再質疑馬英九處理大陸關係的立場，是這次最大收穫。

三十七、阿富汗選總統一團亂

（原刊九十八年八月三十一日《中國時報》時論廣場）

台灣忙於追究八八水災責任之際，美、俄兩強關心的卻是八月二十六日阿富汗全國性的總統選舉。大陸因為中間還隔著巴基斯坦和中亞三國，沒有那麼在意。

阿富汗伊斯蘭共和國雖然窮，國家也是一盤散沙，阿人卻驍勇善戰。國內軍閥林立，內戰頻仍，與民國初年的北洋政府倒有三分相像。前蘇聯曾藉兩國友好同盟條約為名，一九七八年派十二萬精銳部隊進駐阿富汗，遭遇游擊隊 (Mujahadeen) 頑強抵抗，一九八九年灰頭土臉地撤退，蘇軍死於阿國者達一萬四千五百人。

俄國走了，阿富汗變成神學士游擊隊和蓋達恐怖分子的天堂，美國才被動介入。問題是這個國家仍然活在十八世紀裡，欠缺現代國家必備的條件。好不容易找到個曾參加過抗蘇行動的卡賽依 (Hamid Karzai)，二〇〇一年從外交部次長一躍而代理國政，二〇〇四年正式當選總統；上週二十六日是他競選連任的投票日。

卡賽依的政績如何？坦白而言，號令出不了首都喀布爾 (Kabul) 的城門。他繼承了阿富汗統治者貪汙無能的傳統，連他的兄弟姊妹都一步登天。一個弟弟 Ahmed Ali Karzai 據說是種植鴉片與販賣海洛因的大盤商。美國提議用飛機在鄉下種植罌粟花(Poppies)地區噴灑除草藥劑，被卡賽依以顧及農民生計為辭拒絕。這個弟弟還兼了個省長職務，只肯住在美國享福。

另一個弟弟 Mahmoud Karzai，拿的是美國護照，卻身兼阿富汗總商會會長，掌握了阿國最大的銀行、最大的水泥廠和豐田汽車的總代理。他第三個弟弟 Qayoum Kaizai，是掛名的國會議員，也長住美國，難得回戰亂的祖國出席一次會議。

阿富汗比台灣大十八倍，卻只有三千一百萬人，有投票權者一千五百六十萬人。交通不便，通訊設備差，六千五百個投票所報回結果緩慢無比。八月二十日投的票，依據新華社從卡布爾發回的報導，到二十五日只開出百分之十。九月三日到六日始能宣布「初步」統計結果。九月十七日中央選舉委員會才正式公告當選人。在此以前，其他結果都是「無效的、非法的」。

五年前，卡賽依初次競選，當時人心望治，投票率高達七〇％，打破紀錄；這次投票率只有百分之四十。和他競爭的至少有五人：國家聯合陣線(United National Front)候選人、前任外長阿卜杜拉(Abdullah Abdullah)、獨立競選的巴夏多斯(Ramazan Bashardost)和三位前任財政部長：噶尼(Ashraf Ghani)、阿哈默德賽(Muhammad Sarwar Ahmedzai)與阿哈帝(Anwar ul-Haq Ahady)。

票雖未開完，這些競爭者已經聯名指責卡賽依總統種種舞弊情事，聲稱不接受九月初宣布的選舉結果。

喀布爾雖有家《公民報》(*The Citizen*)，但我不懂從波斯文演變出來的達里文(Dari)，而該報缺乏英譯人才，英文版竟然還停留在今年二月。以美國為首，派駐在阿富汗清剿游擊隊的「國際安全協防部隊」(International Security Assistance Force，簡稱ISAF)只管打仗，不過問阿富汗政治，也是造成卡賽依為所欲為的原因之一。

阿富汗雖號稱有九萬陸軍和八萬警察，根本派不上用場，全賴ＩＳＡＦ的六萬多名各國部隊替它維安。派軍協助者原有三十六國，包括北大西洋公約組織二十六國；但自從西班牙首先抽腿後，包括南韓在內的各國都紛紛撤兵，真正留下的只剩美國的五萬五千官兵，獨撐大局，其餘最多僅一百多人而已。

八月二十五日，阿富汗第二大城坎大哈 (Kandahar) 遭伊斯蘭激烈分子自殺炸彈攻擊，平民死傷逾百。但比起ＩＳＡＦ八年來在這個遙遠國度裡的傷亡人數，可謂小巫見大巫。五角大廈發表的數字是：聯軍迄今共死一千二百八十五人，包括美軍七百三十九人，英軍二百零七人，其餘各國則均不滿五十人。僅今年八月，美軍已死四十四人，打破了阿富汗作戰歷來每月最高的紀錄。

這次選舉，傳說卡賽依得票數和第二名不相上下。但究竟誰才是第二名？是噶尼還是阿卜杜拉？中選會守口如瓶。可資參考的是阿富汗新聞網有條新聞透露，美國總統的特使霍爾布魯克 (Richard Holbrooke) 在投票後與卡賽依晤談時，卡氏曾怒責美國幕後操縱，意圖影響大選結果，可證山姆大叔對這位傀儡總統也已經厭煩了。

三十八、G2能操縱世界？

（原刊九十八年八月二十四日《中國時報》時論廣場）

大陸副總理王岐山與國務委員戴秉國七月底訪美，雙方舉行第一屆「美中經濟與戰略對話」。此次對話涵蓋範圍之廣，影響之深遠，引起歐洲、日、韓、中南美乃至非洲國家口雖不言，心底震驚的聯想：這是不是意味，世上只剩美、中兩個強權，唯有這兩國才能主宰全球時代的開始呢？

其實在此之前，歐美媒體早已開始炒作「世上僅餘兩強」的話題。最先採用G2一詞的是德國漢堡出版的《明鏡週刊》(*Der Spiegel*)。之前創造出Chinamerica或稱Chimerica一詞的人，則是哈佛大學(Harvard University)歷史系的弗格森(Niall Ferguson)教授。不論哪個詞比較適當，涵意大同小異。

弗氏兼為史丹佛大學(Stanford University)胡佛研究所(Hoover Institution)和牛津大學(University of Oxford)耶穌學院(Jesus College)兩處的資深研究員。他先在二〇〇五年三、四月號的《外交》(*Foreign Affairs*)雙月刊上，發表題為〈全球化在下沉〉(Sinking Globalization)一文。繼而在去年十月，哈佛商學院百年院慶時，應邀再以全球化為主題發表演講。

當時弗格森的理論，依新華社報導，是中、美實際上已融為一個「經濟共同體」，這種相互作用正在推動「全球金融繁榮，與其相關的幾乎所有資產類別都會漲價」。但去年七月「兩房危機」開始後，美國經濟一路下跌，連累世界各國；美國自身總負債超過四兆六千億美元。那時弗格森正在重慶訪問，於是修正他的理論，認為中、美兩國勢將鬧翻，甚至形容為「夫妻反目」。有人譏為朝夕不同，他卻振振有詞。

今年七月底，弗氏第十五本著作《貨幣上揚：世界金融史》(*The Ascent of Money: A Financial History of the World*) 出版。美國科羅拉多州著名的亞斯本研究所 (Aspen Institute) 與《大西洋月刊》(*Atlantic Monthly*) 特別合辦研討會，邀請弗格森和法羅斯 (James Fallows) 兩人對談，全程在網路播放。從頭到底聽完長達七十六分鐘的節目後，我不得不同意他們的結論。

法羅斯是名記者兼作家，就讀過哈佛和牛津大學，寫過九本書。他還不滿三十歲時，就替前總統卡特 (Jimmy Carter) 撰寫演講稿，是美國歷史上最年輕的白宮撰稿人。《大西洋月刊》已有一百五十二年歷史；法羅斯服務該月刊三十年，聞名全美。近年他常駐北京，走遍大陸各地。請他和弗格森兩人來討論中、美關係遠景，自然吸引觀眾。

兩人評估中、美實力的相對消長，雖有不同解釋，但他們都同意：兩國原來不可分割的關係是不正常的，也不可能持久。弗格森原先想像的 Chimerica 時代，已經一去不復返了。與此同時，受客觀條件的影響，兩國國內輿論和民眾感受也產生了微妙變化。

是哪些客觀條件使美、中兩國漸行漸遠呢？弗格森和法羅斯兩人未作系統性的分析，必須從現實面求證；而最能顯示雙方歧異的就是一個「錢」字。中國人儲蓄率高，大陸既是全世界的工廠，自然而然地累積許多美元，中國成為美國最大的債主，人所共知，已非新聞了。

八月十八日，新華社有條普通人不會注意的新聞，說根據美國財政部十七日晚發布的「國際資本流動報告」(TIC) 顯示，今年六月中國所持有的美國國庫債券減少了二百五十一億美元。新華社還做了一份表格，顯示從去年十月起到今年五月，北京持有的美國公債，從原本六千八百多億美元一路增加到八千餘億，初次一舉減少超過百分之三，自然有「給點顏色給美國看看」的意味。

華府對北京的抱怨更多，最常聽到的就是中國不肯讓人民幣自然升值，故意壓低匯率作為增加出口的手段。美因受金融風暴重創，今年GDP預計將負六個百分點，怪中國袖手旁觀，不肯伸出援手，有落井下石之嫌。

本欄七月初〈中國在全球搶物資〉一文中，曾提及中國鋁業公司投資澳洲力拓公司一案，後來被澳洲總理陸克文以國家安全為理由，否決掉投資案。澳洲准許「疆獨」領袖熱比婭來訪，大陸立即取消外交部副部長何亞飛往訪，以牙還牙。

上週八月十九日，新華社報導說，中國鋼鐵工業協會（中鋼協）終於找到全澳第四大的鐵礦石出口商FMG簽署合約，比力拓還可省三千五百萬美元；新聞標題是「鐵礦石談判，中方初嘗勝果」。可見歸根究底，錢還是比什麼都重要。

三十九、再不改組政府 更待何時？

（原刊九十八年八月十九日《聯合報》民意論壇）

馬政府上台一年三個月，支持度已跌得慘不忍睹。馬本人在處理八八水災救援事宜上，確有不少瑕疵，被全民罵到臭頭。CNN播出專訪同時，甚至以「馬英九該不該下台？」為題，邀請觀眾上網投票。這種測驗民眾感受的方法並不科學；但作為一面反映民意的鏡子，仍然不可輕視。

我不知道馬總統身邊有無所謂「謀士」；如果有的話，他們應該趕快向馬提出建議：立刻改組政府，換個全新班底，重建人民對行政團隊的信心。

世界各國不論採總統制或內閣制，遭遇重大事故如戰事失利或天災人禍後，都會改組政府，一新人民耳目。這樣做並不表示對劉兆玄院長不信任，馬如果不想留他，現在是更換行政院長的好機會；如果需要劉院長繼續挑這個沒人願意挑的重擔，正可趁機賦予全權，讓他更換不適任的部會首長。

檢討馬英九這次為人詬病的原因，首先是一派書生見解，誤以為既有《災害防救法》和施行細則，各級政府自然會依法辦理。不知「徒法不能以自行」，如此重大的全國性災禍，怎能留給地方政府各自去處理？報載他在已知全省災情慘重，還想去小琉球參加台北縣副縣長李四川母親的公祭，如未臨時取消，恐怕民進黨發起的罷免運動，真有通過的可能。

其次，他既欲維持一貫的不干涉行政院的態度，又想效法蔣經國親民愛民的作風，不知兩者間存有基本矛盾。而從中央到地方，各級政府單位亂成一團的現象，使災民與廣大民眾把過錯都記在馬英九帳上。馬雖主持過一次「中央災害應變中心」工作會報，救災工作未見改善。難怪他到台東太麻里慰問災民，被一位顯屬深綠陣營的婦女嗆聲。

最後，政府各部門缺乏橫向聯繫，左手不知右手在做什麼，民間責怪自須由馬一個人概括承受。國防部遲命國軍參與救災，外交部訓令外館婉謝友邦援助，也只能怪他。新聞如此炒作下去，不知伊于胡底。此時再不改組政府，更待何時？

四十、誰幕後支持疆獨？

（原刊九十八年八月十七日《中國時報》時論廣場）

八月八日夜晚，台灣忙於救災。北京除來電慰問外，注意力卻集中在新疆。那天烏魯木齊（Urumqi）的形勢異常緊張，機場跑道關閉，大批軍警配合裝甲車集結在跑道及其四周，一副要阻擋敵軍空降的模樣，其實只為拒絕一架商用班機降落。

那架班機是阿富汗 Kam 航空公司從吉爾吉斯共和國（Kyrgyzstan）飛到烏魯木齊的一架波音七六七型客機，乘客二百人中，漢人只有五位。中國情報單位接到密報，說其中若干人是「疆獨」分子。這些主張維吾爾族獨立建國的狂熱青年，繼七月五日起長達十餘天的動亂之後，聚集搭機企圖強行入境，準備坐牢甚或犧牲性命，只為引起國際輿論關注與同情。

面對挑釁，「新疆維吾爾族自治區政府」的對策是一面關閉機場，一面用無線電話告知班機機長，不准降落。這架班機只好折回到阿富汗的坎大哈城，讓大批乘客自己想辦法去新疆。

八月九、十兩日，中亞各地謠言滿天飛，有說飛機被「神學士」劫持了，也有說機上發現炸彈。害得 Kam 航空董事長 Zamara Kamgar 出面否認，他也只能含糊地說：班機是因「其他原因」折返；至於為何不回阿富汗首都呢，則是因為喀布爾氣候不好之故。

新華社處理這件新聞也是前後矛盾，先發出劫機消息，隨即撤消。十二日以前，為粉飾太平，還有不少篇分析新疆各族如何「和諧相處」的特稿，這兩天都無影無蹤了。由此判斷，從七月五日起連續兩週餘的新疆漢回衝突，大陸的對策是「內外有別」。先用武力鎮壓，等胡錦濤從義大利G8高峰會趕回北京，審度情勢，發現如處理不慎，由熱比婭(Rebiya Kadeer)領導的「世界維吾爾大會」(World Uyghur Congress，簡稱WUC)會在大陸駐各國使領館前遊行抗議，發動國際輿論譴責，得不償失。因而改採懷柔姿態，先從消弭新疆自治區內各民族間的緊張關係著手，可謂用心良苦。

有胡錦濤親自處理，各國記者得以繼續留駐採訪，報導反而更公正。當時台灣媒體注意力集中在阿扁弊案結束辯論上，只零星摘譯極少消息，以致許多人根本不知新疆動亂範圍之廣，與影響之深遠。如與《紐約時報》、巴黎《國際先鋒論壇報》或香港《南華早報》相較，瞠乎其後。我則是因兩年前參加台北市記者公會訪問團遍歷南疆，才特別注意這次事件。

新疆總人口中，四五％是維吾爾人，四〇％是漢人，其餘多為中亞各國移民。烏魯木齊二百三十萬人中，漢人占七五％，維族人只占一二．八％。英文版的《維基百科全書》有"July 2009 Ürümqi riot"一條，長達二十頁，指出因維吾爾人先攻擊漢人，死亡者一千九百零七人與受傷一千七百二十一人中，四分之三是漢人。維族人到處焚燒搶劫的結果，毀損了二百六十一輛汽車、二百零三家店鋪和六百三十三棟建物。政府對死者不問原因或民族，每家發四十二萬人民幣，合新台幣約二百五十萬元。

維吾爾族在世界各地都有嚴密組織，代表維族觀點有三個網站：「世界維吾爾新聞網」的Uyghur1.com、「東土耳其斯坦資訊中心」的UYGUR.org和「東土耳其斯坦新聞網」的EastTurkestan.net。

這些喉舌網站不斷挑撥民族仇恨，總有一天會激起更大的禍害。

在台灣，幾乎無人聽到過「東土耳其斯坦」(East Turkestan) 一詞。我卻有親身被一位土耳其官員指責過漢人壓迫維吾爾族的經驗，當時只覺得不可思議。土耳其在歐亞邊境，距離新疆至少有五千公里，土耳其人卻自認與維吾爾族同文同種，妄想和「東土耳其斯坦」合併為一，恢復十四世紀土耳其帝國的光榮，真是做白日夢，愚不可及。

到八月十二日，新華通訊社終於把矛頭直指美國的「民主基金會」(National Endowment for Democracy)，說該會截至六月九日為止，共曾補助「世界維吾爾大會」、「美國維吾爾協會」、「國際維吾爾人權與民主基金會」和「國際維吾爾筆會」，共達二百二十四萬美元。民主基金會所有經費都由美國國會撥給，等於半官方機構，很難抵賴。

各國輿論仍以同情維吾爾族者居多。WUC主席熱比婭在澳洲演講，中國大使館抗議無效。民主基金會主席杰什曼 (Carl Gershman) 則說：給WUC的資助太少了，不足以支撐「廣泛起義」行動。看來新疆各民族相處的難題，才方興未艾呢。

四十一、白目外交部的郵政局心態

（原刊九十八年八月十六日《自由時報》自由廣場）

故外交部長周書楷是我大四時教國際禮儀的老師，做公務員後追隨幾二十年的長官，兩人間可謂無話不談，毫無避諱。周留給我最深刻的印象，是他嘆口氣告訴我說：「外交部像是個郵政局，而且還是最沒有效率的郵局！」

昨天各報揭露八八水災後，外交部通令各館「婉謝外國提供援助」的內幕，正是周書楷那句牢騷話的最佳註腳。部長歐鴻鍊雖然出國，代理部務的政務次長盡可自行決定。但夏立言偏要打電話去問行政院國土安全室主任張志宇；張再打電話給消防署長黃季敏。記者問黃時，他從頭賴到底，先說張並沒向他提過是受外交部委託洽詢的，他也沒說過暫時不需要的話。一場羅生門，難以判斷這個錯誤應該由誰負起最大責任。

這條新聞成為熱門後，大批記者昨天窮追不捨，態度最坦然的是張志宇，因為他的國土安全室職掌敏感，和任何單位通話，一字一句都有紀錄，不必捲入口水戰。而且張說得有理，颱風剛過的八月十一日，與察知各地災情嚴重的十四日，情勢顯然不同。撇開張志宇後，消防署長黃季敏必須扛起大部分責任；但外交部的「郵政局心態」，也難卸責。

做到政務官，必須有一肩扛起天下事的抱負。既然各友邦包括美國、日本、新加坡和歐洲各國都透過我駐外館處，表達願意提供救援協助的意思，外交部實在沒有再去詢問其他機關的必要，盡可自行處理。假如要找人共同負責，代理部務的政次也可直接向行政院劉兆玄院長請示，甚或直接去問馬總統。夏立言既未當機立斷，又去問位階比他低的國土安全室，只能歸咎於「郵政局心態」，別無其他解釋。

這種遇事不敢負責，或不願負責的機關文化，是外交部幾十年來日積月累所造成，非一朝一夕即可改變。負責人自然該更換，但如何使部內與駐外館處千餘位職業外交官拋棄這種不肯負責心理，培養出當仁不讓、捨我其誰的雄心壯志，仍需要大家深思。

四十二、中國與印度重拾舊情

（原刊九十八年八月十日《中國時報》時論廣場）

二十世紀五〇年代，前蘇聯與巴基斯坦如膠似漆，大陸因而結交印度以資對抗。尼赫魯 (Jawaharlal Nehru) 與周恩來英雄惜英雄，舉世皆知。直到一九五九年西藏事變，達賴喇嘛出走，印度撥出 Arunachal Pradesh 邦的達蘭薩拉收容他。當地居民本以藏族為主，跟隨達賴來的難民越聚越多，儼然成為西藏流亡政府所在地，印度變成中共的眼中釘。

一九六二年，阿克賽欽 (Aksai Chin) 的中印邊界發生戰事，雙方關係降到冰點。印度和巴基斯坦的冤仇難解難分，大陸支持巴基斯坦，前蘇聯則是印度的後台。美國因與中國為敵，也支持印度。印、巴兩國都不理會國際壓力，祕密發展核武，美國對巴嚴苛，卻寬容印度，充分反映出國際政治的現實面。

印度早就懂得，既處兩強之間，應付之道莫如左右逢源，坐收其利。印、巴兩國都祕密發展原子彈。一九七四年五月，印度首度試爆核彈，巴基斯坦馬上跟進，美國雖不得不依據聯合國《防止核武擴散公約》對兩國採取經濟制裁，其實不痛不癢，這兩個死敵都不在意。

二〇〇一年「九一一事件」後，美國為追殺阿富汗的「神學士」分子，需要巴基斯坦協助。穆夏拉夫總統容許美國使用巴基斯坦空軍基地為補給站，直接支援聯軍，又成為華府寵兒。那年九月，國會檢討制裁情形，當時參院外委會主席拜登 (Joseph Biden) 和國務卿鮑威爾 (Colin Powell) 都贊成取消。但總不能獨惠巴國，印度也沾了光。

世界進入二十一世紀，「金磚四國」崛起，大陸和印度同在其列。歐巴馬的外交政策仍屬鷹派，美國口頭上高談中美友好，內心仍忌憚中國。國務卿希拉蕊為忠實執行他「只做不說」的圍堵政策，搶先一步在七月十八日訪問印度，兩大城市孟買和新德里排滿的七日行程，甜言蜜語地把印度捧上了天。雖然用心良苦，卻是司馬昭之心，路人皆知。

巴基斯坦政變頻仍，曾任總理後為總統的布托 (Zulfikar Ali Bhutto) 一九九九年被參謀總長穆夏拉夫推翻。二〇〇七年十二月，他的女兒班娜姬 (Benazir Bhutto) 回國競選，剛下飛機就被刺殺。憤怒的群眾把穆夏拉夫轟下台，班娜姬的丈夫柴達里 (Asif Zadari) 靠同情票當上總統。此人其實是個「扶不起的阿斗」，美國又不得不盡力支持這位只因妻子身亡，登上大位的盟友。

美國在印、巴之間，這樣變來變去，印度人看在眼裡，自然不爽。大陸急於修補和印度的關係，目前正是拉攏良機。今年六月十五日，胡錦濤在G8高峰會期間，與責任內閣制的印度總理辛格單獨密談。次日，當時的印度外長梅農 (Shivshankar Menon) 就宣布，印度女總統巴提爾 (Pratibha Patil) 將去大陸作國是訪問，很可能就在八月底。

何以見得呢？中國要與印度修好，必須先解決兩國間的懸案。最棘手的就是邊界爭執。喜馬拉雅山區罕見人煙的喀什米爾地區，印度指稱中國霸占了它四萬三千一百八十平方公里國土，中國則反控印度強占了歷代均隸屬華夏的九萬平方公里面積。

為徹底解決這個問題，胡錦濤派國務委員戴秉國率領代表團，前天亦即八月八日抵達新德里，和印度國家安全顧問納拉亞南(M. K. Narayanan)會談兩天，昨晚才結束，各自回報政府。戴秉國位階比外交部長高，隨行人員中包括外交部副部長武大偉，可見中方確有誠意。

據新華社報導，代表團發言人馬朝旭說，兩國代表「除邊界問題外，還就發展戰略合作伙伴關係，及國際、地區及全球性問題，進行廣泛深入的討論」。雙方還會繼續談商。

印度近年確實發展神速：兩週前即七月二十五日，第一艘全部自造的核子潛艇 Arihant 號下水，排水量六千噸。同時「甘地原子能研究中心」(IGCAR)也向媒體展示首座輕水原子反應爐(Light Water Reactor)，使用U-233而非U-235為燃料。為保密起見，給記者拍照的是與原件大小完全相同的模型。

新德里的《印度時報》(*The Times of India*)八月五日刊出一篇報導，題作〈中國一八〇度大轉彎，又再稱讚中印邦交〉(Beijing Does a U-Turn, Praises India-China Bond)，用字遣詞帶有挖苦意味。但巴基斯坦的《今日辛帝報》(*Sindh Today*)則基於巴國立場，報導比較客觀。它認為中國真想與印度重拾舊情，不可等閒視之。

四十三、北京華府難解難分

（原刊九十八年八月三日《中國時報》時論廣場）

經濟全球化的後果，是美國的金融風暴橫掃世界，各國無一倖免；照理說，大家應該和美國保持一點距離，避免再度受創才是。但華盛頓剛閉幕的「美中經濟與戰略對話」反而更進一步，把六十年來這兩個從怒眼相向，轉而變成關係糾纏不清的戰略夥伴，塑造成為「親密戰友」。這究竟是怎麼回事？

七月二十七日與二十八日兩天，大陸副總理王岐山訪問華府，同行重要人物有主管外交的國務委員戴秉國。二十八日經濟與戰略對話會議結束後，歐巴馬接見王、戴二人。中午國務卿希拉蕊和財政部長蓋特納共同款宴中國代表團。希拉蕊致詞時說，這次會議不但史無前例，參加人數也屬空前，美政府有十二個部會都由首長或代表出席。

王岐山是何許人也？他是中共元老姚依林的女婿，大陸搞金融事務的頭把手。朱鎔基兼任人民銀行行長時，他是副行長；然後轉任中國人民建設銀行行長，任內與摩根史坦利 (Morgan Stanley) 共同投資創設了中國國際金融公司，首次帶領大陸走入全球金融範疇。

受到鄧小平賞識，他隨即更換跑道。任廣東省副省長時，解決了負債超過資產一六八％的廣信公司破產案，因而調回北京，做「國務院經濟體制改革辦公室」主任；又逢海南省經濟泡沫化風波，他以海南省委書記聲言不必中央撥款自行扭轉虧損，果然做到；二〇〇五年調任北京市長，去年才升任第一副總理，主管金融經濟事務。

因為他的專業背景，和美國談金融與經濟合作，非此人莫屬。涉外事務則是戴秉國的主管範圍，國務委員一職比外交部長還高，在名位上只差王岐山半級；王光美的弟弟王光亞雖然官居外交部次長，此次只是隨團一員而已。

七月二十八日，王、戴兩人到白宮會晤歐巴馬總統時，王岐山先轉述胡錦濤的口信。胡要他代表說：「中美關係正站在新的歷史起點上，面臨新的發展機遇。我願意與你一道，堅持從戰略高度和長遠角度，把握兩國關係大局，抓住機遇，共創未來，努力構建二十一世紀積極合作、全面的中美關係。」

這次會議的課題確實廣泛，依照希拉蕊所言，有以下幾點：㈠如何促使國際經濟復甦；㈡如何安定東亞局勢，勸阻北韓停止核試；㈢推動安理會第一八七四號決議案，防阻恐怖分子活動與核武擴散；㈣勸使伊朗回頭，善盡其國際責任；㈤謀取阿富汗、巴基斯坦與中東地區的和平安定。

下次經濟與戰略對話將在北京舉行，雙方也同意響應歐巴馬的號召，於明年春間召開全球核子安全會議，今秋兩國還要開會商討加強對抗恐怖主義的措施。剛結束的會議總要交出點成績，雙方簽署了備忘錄，同意提高有關全球氣候變化、能源安全與環境保護各方面的合作。

兩國既是世上生產能源最多、也是消耗這些能源最大的國家。中國在世界各地搶奪能源，已是舉世皆知的事實。美國雖然從不聲張，總是先買別人家的石油來用，自家地下蘊藏的留待慢慢開採。雙方各有算計，這份備忘錄只是對外交帳而已。

希拉蕊不但在祕密會議中，提出大陸人權紀錄欠佳的事實，在國務院公布的演講全文裡也照樣提起，反映出兩國「亦敵亦友」或可說「非敵非友」曖昧不清的關係。如無歐巴馬事先授權，她不可能在會議結束的午宴席上，講這種可能引起中方不快的話。

兩國建交三十年後，關係能走到今天這地步，並非易事。希拉蕊二月初先在紐約放話說，發展美中關係至關重要；隨即在二月訪問北京。四月，歐巴馬和胡錦濤在倫敦見面，同意建立戰略與經濟對話機制。五月下旬，眾院議長佩洛西 (Nancy Pelosi) 和財長蓋特納分別到北京。七月中旬，美籍華裔的商務部長駱家輝和能源部長朱棣文奉命訪華。在在可見美國處心積慮拉攏大陸的意圖。

打開天窗說亮話，北京與華府的關係，其實就是毛澤東「既合作，又鬥爭」的六字真言，歐巴馬也學會了這套手法。中美兩國間的恩怨情仇理也理不清楚，難解難分。如果只看效果，對世界和平倒是有利無弊。

四十四、季辛吉論歐巴馬

（原刊九十八年七月二十七日《中國時報》時論廣場）

尼克森 (Richard M. Nixon) 與福特 (Gerald R. Ford) 總統時代任美國國務卿，基於現實政治 (Realpolitik) 立場打「中國牌」對抗前蘇聯的季辛吉，雖退休已久，對美國外交仍有潛在影響力。現任白宮國安顧問瓊斯將軍 (Gen. James L. Jones) 在一次演講時說，他每天都會從兩位前任顧問史考克羅 (Brent Scowcroft) 和柏格 (Sandy Berger) 那裡，收到「季辛吉的命令」，要他如何如何。這話恐怕只有一半在開玩笑，另一半是實情。

季辛吉因在德國出生，依美國憲法沒資格做總統。他現年八十六歲了，和嬌妻 Nancy McGinnes 住在華府，共和黨兩位布希總統都曾找他商量國際事務。歐巴馬既有超級民意支持度，又是民主黨籍，可能沒直接去請教過他。因此德國著名的新聞雜誌《明鏡週刊》，上期特別訪問季辛吉，請他談歐巴馬就任半年以來的得失。

七月十六日，美國歷史悠久的「全國有色人種協進會」(National Association for the Advancement of Colored People，簡稱NAACP）在紐約總部慶祝創立一百週年紀念，歐巴馬應邀演說，針對黑人青年有兩句語重心長的話，他說：「家長們應該教導子女，不要以當籃球國手或轟趴舞男為終生志業。」台灣媒體對這兩條新聞均未報導片語隻字。

西洋棋雖與圍棋有別，棋道卻有相似之處。季辛吉評價美國史上首位黑人總統的警語是：歐巴馬是一位「同時在下許多盤棋的棋手，開手第一著且能不落俗套」(A chess player who is playing simultaneous chess, and he opened his game with an unusual opening.)，比喻得可謂恰到好處。

這篇錄音訪問碰觸到當前所有國際問題，為節省篇幅，將季辛吉的答覆簡述如下：

1. 伊斯蘭教徒盲目仇美態度，與歐巴馬在開羅大學的演講，季辛吉說：「這步棋尚未走完，敵手不止一國，我全然不反對歐氏剛走出的第一步 (I have no quarrel with the opening move.)。」

2. 季辛吉一向被視為玩弄「現實政治」的能手。被問到這個題目時，雖先大聲喊冤，說他「從來沒使用過這個名詞」，但也承認說，如果歐巴馬的目的是向伊斯蘭世界表示，美國願意尋求對話，不以武力對峙為唯一策略，無妨運用現實政治作為折衝手段。但假如誤以為任何爭執都可用一篇演說去解決，就會步上第一次世界大戰後巴黎和會上威爾遜總統的覆轍，理想與現實格格不入，辜負領導世界的重責大任。

3. 與前條有關的是，他說美國人過分迷信民主是舉世公認的價值及解決任何問題的萬應靈藥，小布希總統和所謂「新保守派」就是最近的榜樣。季辛吉認為，「歐巴馬的外交政策其實比前任更講求現實」(Obama is much closer to a realistic policy than Bush was.)。

4. 美國面臨許多困境，如最棘手的伊朗問題，該如何解決呢？季辛吉坦白回答為時尚早，他心中有不少沒有答案的疑問。類如：伊朗人民會遵從政教合一領袖的所有指示，永不質疑嗎？執掌軍政大權的教長（阿訇，回教掌管教務、講授經典的人）們會團結一致嗎？豈止他不知道，別人也沒有答案。

5. 被繼續追問時，季辛吉說：「伊朗問題只有兩個解決之道，若無法達成瞭解，就只有訴諸武力。美國是民主國家，總統必須使人民相信政府業已竭盡全力，避免衝突發生。這並非意味美國須做一切讓步，但政府採取任何可能行動前，必須先獲得美國人民支持。目前，華府須等待德黑蘭因下屆總統選舉計票引起的動亂告一段落，才能考慮下一步。」

6. 連討厭季辛吉的人，都承認他是傑出的外交家。他自己呢？季辛吉說，他不是「犬儒學派」（本為古希臘哲學的一派；此字很難翻譯，有人譯為「憤世嫉俗」，亦未盡妥善）。他從經驗得知，外交政策必須有客觀環境配合。

7. 季辛吉對外交的定義是：「外交的藝術是要瞭解一個社會的價值觀，考慮並且盡可能將它實現到最大限度。」(The art of good foreign policy is to understand and take into consideration the values of a society, to realize them at the outer limit of the possible.)

歐巴馬的外交政策有沒有做到這一點，季辛吉沒有明說，留給聽者去思考。

四十五、歐巴馬還鄉不為尋根

（原刊九十八年七月二十日《中國時報》時論廣場）

歐巴馬還在大學讀書時，已經揹著背包去非洲旅行過，那次或許有尋根之意。

等他代表伊利諾州當選參議員後，二〇〇五年暑假休會期間，他帶夫人蜜雪兒再訪非洲，從肯亞、查德到南非，委託 Prost Amerika 製片公司拍了一部五十八分鐘長的影片 "Senator Obama Goes to Africa"，則是為競選總統鋪路，可見他懂得宣傳之道，早就準備做白宮主人。

先從地理談起，他除第一次外，到非洲都以「撒哈拉沙漠以南的非洲」為目標。因為非洲北部從利比亞、阿爾及利亞、摩洛哥到西撒哈拉（或稱 Polisario Front），統稱 Maghreb 區，人民都是阿拉伯裔，並非黑人。畫一條虛線橫斷沙漠為界，線以下稱為薩南地區，可以避免使用「黑非洲」(Black Africa) 字樣，免得被誤認為種族歧視。

作為美國第一位黑人總統，歐巴馬就職後足足過了一年半，才帶家人去薩南地區，這和他至今猶未重訪渡過幼年的印尼，如出一轍。他去迦納的原因之一，是十七、八世紀歐洲專營販賣黑奴的船隻，只停靠幾個固定港埠，而當年稱為黃金海岸 (Gold Coast) 的迦納即其中之一。每年從那裡被賣到美國南部，為白人地主採收棉花的黑奴，估計逾五千人。

歐巴馬當選後，非洲各國莫不歡喜若狂，爭相提出邀請。但他既去過非洲許多次，興趣不大。肯亞與奈及利亞兩國這次尤感失望。歐巴馬的父親是從肯亞到美國留學，和他的白人母親結婚後生下了他。奈及利亞人口破億，是非洲最大國家。歐巴馬就任後首次到非洲，不去這兩國而選擇迦納，他自己的解釋是因為今日的迦納是非洲民主的榜樣。

老實說，迦納雖在一九五七年成為非洲第一個獨立的殖民地，其後五十幾年的歷史並不令人傾心。首任總統恩克魯瑪 (Kwame Nkrumah) 當年儼然以新興非洲領袖自居。迦納獨立三年後，我初訪西非十國，那時他和周恩來打得火熱。我雖有傳統王族的老同學陪伴，就是見不到這位總統先生。一九六〇年恩克魯瑪更修改憲法，自任終身職總統。六年後，軍方趁他訪問北京與河內時發動政變，他逃到鄰國幾內亞，死後才歸葬本國。

從那時起，迦納政局混亂多年。

原任的庫富爾 (John Kufuor) 總統，曾為政變起家、連任二十年總統的空軍中尉饒林斯 (Flt. Lt. Jeremiah John Rawlings) 副手。庫富爾從二〇〇一年起做了兩任，受憲法所限不能再連任；他的新愛國黨支持他的兒子阿庫佛艾杜 (Nana Akufo-Addo) 競選，反對的全國民主大會黨則推出米爾斯 (John Evans Atta Mills) 和他競爭。

依照迦納憲法，獲得全國投票數一半以上者始為當選，否則須再投票。庫富爾以為必贏，有些失算。兩人票數接近，去年十二月起，接連投票三次；官司打到最高法院，在外地一個投票所重行驗票結果，到今年元月四日才由選舉法院判定，米爾斯以五〇・二％對四九・七％，在總數九百多萬票中多四萬票當選。贏得如此辛苦，歐巴馬來訪，可視為對迦納民主無言的鼓勵。

歐巴馬訪迦納，雖從七月十日停留到十一日，其實只住了一晚。

除在首都阿克拉（Accra）對國會演說，會晤女議長 Joyce Bamford-Addo 與最高法院女院長 Georgina Theodora Wood 外，還去參觀了「海角點」(Cape Coast Point)。屋頂有生銹鐵炮的這座堡壘，以「不歸之門」(Door of No Return) 聞名。當年成群黑奴腳繫鐵鍊，被趕上販賣奴隸的船隻後，就永遠離開了非洲。

歐巴馬說，他的兩個寶貝女兒嘻嘻哈哈地走出了不歸之門，又走回來的景象，使他深受感動，象徵了「雖然沒有人能預言未來，人類總在逐漸進步」。

歐巴馬此行，刻意保持低調，他不願見注意力集中在他個人身上，而要世人的眼光注視非洲的未來。登上專機返美前，他在機場對送行的數千官員與學生說：「非洲的前途在非洲人手中」，不在歐美人手裡。非洲不需要再出現什麼強人；非洲需要的是民主政治、持續的經濟發展和進步的醫療設施。

過去黃金海岸時代，迦納占出口九成以上的貨物，是做巧克力原料的可可粉。歐巴馬這次一句未提兩年前迦納發現了油氣田。

迦納副總統馬哈麻 (John Dlamini Mahama) 已宣布說，從二〇一五年起，迦納每年可生產原油二十五萬桶，天然氣二億五千萬立方公尺。歐巴馬去訪問，是否有為美籍石油公司關說之意，外界就不知道了。

四十六、「掛羊頭賣狗肉」的高雄世運會

（原刊九十八年七月十九日《自由時報》自由廣場）

馬英九在高雄新建的體育場宣布「第八屆世界運動會(World Games)」開幕了。加上最近一個月來，每天電視上都有高雄市長陳菊親身作廣告，幾週來每晚燃放煙火的大手筆，要不注意也難。受好奇心所驅使，我研究了一下世運會的歷史，才搞清楚它幾乎有點掛羊頭、賣狗肉的味道，不僅欺人，而且自欺。

世運會從一九八一年起，每四年一次，已舉行過七次。關鍵在於世上所有的運動項目，絕大部分都被上溯到紀元前八世紀、在一八九六年又恢復舉辦的奧林匹克運動會(Olympic Games)占據了。世運會只能「你丟我撿」，湊付作為賽程。

包括田徑、游泳、籃球、足球、棒球、軟棒、高爾夫，甚至原本是世運項目的馬球、直輪溜冰、衝浪、武術和跆拳道，一旦成為奧運會比賽項目，世運就必須放棄。如此忍氣吞聲，倒有些像舊中國社會裡大老婆與小老婆生的兒女之分，後者永遠無法抬頭。

瞭解何謂世運項目後，我不禁產生疑問：既然所有田徑項目都被排除在世運會之外，陳市長為何要擲下五十六億餘元新台幣，在左營劃出十八．九公頃土地，興建可容四萬人座位，外加一萬五千個臨時席次的運動場呢？

那座開口型、屋頂用了八千五百四十四塊能吸收太陽能電池板的體育場，受到全國民眾讚揚。或許因此才沒有人問過：蓋這麼豪華的體育場，將有多少場世運比賽在裡面舉行？

答案是除開幕與閉幕典禮外，只有七人制橄欖球和飛盤兩項，會用到這所超級運動場！

如有人不信，可以上高雄市政府網站，檢視本屆世運會總共三十一個項目的比賽場所，它們分散在大高雄區二十三個場地，每處最多只有三個項目，少則只有一項。想擠熱鬧的市民不必擔心，像水上救生、拔河、合氣道、野外定向等，恐怕只有小貓三、四隻會去捧場。

辦這樣一場世運會，不知又要浪費多少民脂民膏。其結果只是給陳菊在和楊秋興競爭縣市合併後的大高雄直轄市長時，多一項政績而已。

四十七、新疆打亂了G8

（原刊九十八年七月十二日《中國時報》時論廣場）

中國日益強大，已經不把俄國放在眼裡，正在不露聲色地與美國競爭世界霸主地位，自無外患可言，卻不免有內憂。

胡錦濤七月三日出發，乘專機先到莫斯科訪問，夫人劉永清陪同。在俄國除了與總統梅德維傑夫會談外，也不忘到俄國總理普丁在裡海邊的別墅（dacha）敘舊。外界過去認為梅氏只是傀儡，真正大權仍操在普丁手中。但克里姆林宮紅牆高聳，內部究竟誰上誰下，永遠是個謎，最好兩人都不得罪。

七月五日，胡錦濤夫婦抵達羅馬，開始新華社所謂的國是訪問，隨行有中共中央書記處書記令計畫、王滬寧及國務院政務委員戴秉國等。在機場迎接的，只有義國司法部長阿法諾（Angelino Alfano）一人，難怪各國在背後都批評義大利人辦事亂七八糟。

不管怎樣，胡錦濤夫婦的義大利之行既云國是訪問，少不得要拜訪義大利並無實權的總統納波里塔諾（Giorgio Napolitano）、國會議長芬尼（Gianfranco Fini）和總理貝魯斯柯尼（Silvio Berlusconi）等人，行禮如儀。

新華社列舉胡此行訪義目的，除參加被稱為「富國俱樂部」的G8「與發展中國家領導人對話會議」外，還要參加五個發展中國家領導人的集體會晤、「經濟大國能源安全與氣候變化論壇」領導人會議、貿易問題專題會議和糧食安全專題會議等活動。

舉行這些會議的地點並非首都羅馬，而是一個叫做阿奎拉（Aquila）的小城。貝魯斯柯尼選擇這個地方，一則因為小城才七萬多人，容易保護各國元首的安全。二則因為四月六日，阿奎拉發生六點三級的地震，死亡二百九十四人，受傷一千五百人，有四萬人無家可歸。貝魯斯柯尼的用意是給阿奎拉居民在受重創之後打氣。但萬一各國領袖齊集那裡時，又發生地震該怎麼辦？這位總理先生似乎未加考慮。

G8原有美、英、德、法、日、加拿大、義大利和俄國等八個成員。義大利人辦事馬虎，早就有人竊竊私議，認為不如找西班牙取代義國，但時機尚未成熟。這次討論主題有：金融風暴、糧食安全、全球氣候變化、人民健康與伊朗核試等五大項。因牽涉甚廣，特別邀請發展中國家具有代表性的中國、印度、巴西、墨西哥、土耳其與埃及的元首都來參加，總共十四國。

不止此也，又因教皇本篤十六世（Benedict XVI）和法國薩科齊總統關懷非洲面臨饑荒，因而加邀了阿爾及利亞、安哥拉、衣索比亞、利比亞、奈及利亞、塞內加爾等國元首，和非洲聯盟（African Union）輪值主席到阿奎拉，只出席一次「工作早餐」。七月十日，G8承諾三年內捐出二百億美元援助貧窮國家購糧及發展農業所需，讓他們沒有白來一趟。

除主權國外，列席的國際機構尚有聯合國、國際貨幣基金、世界銀行、世貿組織、國際勞工組織、國際能源組織與原僅限已開發國家參加的「經濟合作與發展組織」（The Organization for Economic Cooperation and Development，簡稱OECD）。今日任何國際會議規模總是越來越大，G8發布的官方照片因而只有這八國領袖加上地主國總統與代表歐盟執委會的巴洛索（Jose Manuel Barroso）等十人，特邀各國包括胡錦濤都不在內。

依照G8官方網站公布的會議日程，七月八日才是最重要的一天。但天有不測風雲，新疆忽然發生暴動，胡錦濤取消所有節目，八日立即趕回北京。好在所謂高峰會議、宣言等文件在會前早就商量好；北京駐義大利的孫玉璽大使無疑曾參與所有會前籌備事項。胡已經參加過六次G8峰會，這回提前返國，並無大礙；何況本次會的中心議題是在二〇五〇年將全球排放的溫室氣體減少百分之五十，還早得很呢。

使我深感不解的，是新華社消息只說胡走後，有人代表他繼續出席各項會議。此人是誰？大陸所有媒體諱莫如深，怎樣也查不出他的姓名。照理說，國家主席出訪，外交部長理應隨行，但出訪名單中沒有楊潔篪的名字，是何原因，頗費猜疑。

二年前我曾參加台北市記者公會訪問團，應「新疆維吾爾族自治區政府」台辦之邀，去新疆兩週，從烏魯木齊開始，走遍南疆大小城市。在私下和旅疆多年的親友談話時，得知占全區人口幾達半數的維吾爾族(Uyghur)獨立運動，曾受新疆軍區駐屯部隊殘忍鎮壓。這次暴動瞬間蔓延全球十餘國，在大陸駐外使領館前遊行甚至丟擲雞蛋。胡錦濤趕返後，採取平和手段應付，現已漸趨平靜。若在李鵬時代，不知會演變成什麼大亂。

四十八、奧蒂嘉連放鴿子 總統受委屈誰該負責？

（原刊九十八年七月七日《聯合報》民意論壇）

馬英九總統初次訪問尼加拉瓜，被打游擊出身的奧蒂嘉 (Daniel Ortega Saavedra) 連續放鴿子，許多人認為是對我國元首和國家榮譽的侮辱。是可忍，孰不可忍？

奧蒂嘉雖然兩次道歉，馬見到他時，仍舊說：「你沒出席（指國宴），我很意外。」以馬總統忠厚待人的個性，這已經足夠暗示他的不滿了。你要他講更重的話，既與外交語言不合，他也說不出口。

我在瓜地馬拉任內時，民國七十八年尼加拉瓜大選，從革命成功起就掌握政權的桑定主義黨大意失荊州。原以為做過十二年總統，穩可連任的奧蒂嘉，只得到百分之四十一的票，輸給了臨時成軍，由十四個小黨組成的聯合陣線候選人查莫洛夫人 (Sra. Violeta Barrios de Chamorro)。

選舉剛過，我奉令爭取與尼國建交，親自去首都馬納瓜 (Managua)，結識了當時的外交部長，由我花錢請他到邁阿密住進旅館，關室密談。查莫洛夫人也願意和台灣建交，但因奧蒂嘉雖然不再是總統，仍為國防部長，軍權在握，不敢輕舉妄動。直到那年十一月，我奉調南非，回國宣誓；奧蒂嘉同時也來到台灣。他和外交部商談最後條件時，我就沒再參與。

費這麼多筆墨，目的在使國人瞭解幾點：㈠從一九七九年桑定主義革命成功起，奧蒂嘉就是尼國的統治者、不折不扣的老共產黨。㈡二十年來，他和台灣歷任總統和外交部長都打過交道，把我們的外交部摸得一清二楚。㈢民進黨執政八年，陳水扁的「撒錢外交」把他的胃口養大了。他對馬英九上任的兩岸新形勢，或許也瞭解不多，總以為擺擺架子，裝模作樣，就可予取予求。㈣外交部在黃志芳任內，承阿扁之命，同意了許多尼國單方提議的援助計畫，一堆爛攤子像所謂「零飢餓計畫」尚未收拾，也加深了奧蒂嘉對台不滿。

奧蒂嘉前倨後恭，他道歉，是別人家裡的事。就我國內部作業，誰該為總統在尼加拉瓜一再受到委屈負責？

首先，外交部長應該表現一點政治家風度。駐尼國大使都自請處分了，當初主張馬總統該去尼加拉瓜作國是訪問的單位，不可能置身事外。

據報導，歐部長打電話給尼國外長，說奧蒂嘉總統如再不出來，台灣答應給的二百萬美元援助「就算了」，而且有「更硬的一手」。駐尼大使館已備就節略，要求對方正式道歉。不僅此也，後續作業還包括「全面終止合作計畫、召回大使甚至撤館」。

天下哪有透過報紙辦外交的道理？隨行官員中誰向媒體透露這種不符外交常識的謊言？如果尼國駐台大使館把報紙譯成西文，報回馬納瓜，奧蒂嘉要不火冒三丈，就不像他了。總統回國後，應徹查是何人向記者放話。

四十九、中國在全球搶物資

（原刊九十八年七月六日《中國時報》時論廣場）

台灣似乎沒人注意到這條新聞。六月底，歐盟和美國聯合起來，向世界貿易組織（WTO）控訴大陸限制原物料出口，認為北京此舉違反了《關稅與貿易總協定》（*General Agreement on Tariffs and Trade*，簡稱GATT，等同世貿組織的憲章）第十一條；且亦違背中國被WTO接納時所做的承諾。

七月一日，美國的吉普林格商業報告（Kiplinger Business Resource Report）預測說，大陸很可能做出讓步，息事寧人，重新准許包括鋁、鎂、錳、鎢、矽、鋅等原礦石，以及提煉出的矽、焦煤、黃磷等九種原物料出口。這些原料對上自汽車、太陽能電池、微處理器，下至處方藥劑、建築材料等都是必需成分之一。

大陸如果在這件國際貿易糾紛上讓步，其著眼點還不僅此，而與中國本身在全球大肆搶購原物料的行動，息息相關。中國雖然地大而物不博，為配合經濟急速發展，必須在全世界搶物資，以滿足十三億人民的需求。你要買別人的原物料，就不能阻止別人來你家買東西。

歐美各國對於北京倚仗外匯存底高達兩兆美元的聲勢，不斷在各地搶購物資，大手筆地買下採礦權利，早就看不順眼。中國卻從不氣餒，雖然有賺有賠，始終勇往直前，從非洲的剛果、奈及利亞和蒲隆地，到東半球的澳洲，投下大量資金，只要有人肯賣，先買下來再講。

今年才過一半，金融風暴猶未平息，大陸就展開兩筆令人側目而視的大生意。六月二十四日，中國石化總公司旗下的中國石油公司宣布斥資四十八億英鎊（折合九十億美元），購買瑞士註冊的 Addax 探礦公司。這家公司非同小可，它在伊拉克、加彭和奈及利亞擁有探採石油的權利，且在英國倫敦與加拿大多倫多兩地證券交易所都掛牌上市。本期《經濟學人》(*The Economist*) 雜誌報導此事時，語帶醋意地譏諷 Addax 股東們眼看所持股票增值一倍多，應該很滿意了。

並不是每樁併購案都如此順利。今年二月十二日，大陸的中國鋁業公司 (Chinalco) 宣布將對英、澳合營的澳洲力拓 (Rio Tinto) 礦業公司再投資一百二十三億美元，另外再花七十二億美元買力拓的公司債；後者到期應償還本息時，可折換成力拓九％的股權。兩者相加，共合一百二十億英鎊，不是個小數目。

中鋁去年已和美國鋁業公司合作，斥資一百四十三億美元，買下力拓一二％的股份，因而在董事會裡占有席次。再加這次增加股份，中國握有的力拓股份已經超過一八％，接近極限。澳洲政府不是傻瓜，早就通過法律，限制外國人擁有任何牽涉蘊藏資源如礦業公司等的股份，以二〇％為上限。

力拓公司負債累累，股價疲軟，二月十二日打了強心針後，在倫敦與雪梨證券交易所的股價隨即上漲五〇％。此時放棄厚利，和中鋁分手，表面雖因該公司執行長艾爾巴內 (Tom Albanese) 翻悔，骨子裡實受英、澳兩國政府的干預。可證全球各國都在注視大陸到處搶資源的現象，北京搶得愈兇，各國戒備與防阻力量也就愈大。

在國外搶資源，雖有失敗，也有成功的案例。去年十二月，大陸花了二十億美元，買下在多倫多證券交易所掛牌上市的坦干夷卡石油公司 (Tanganyika Oil Company)。該公司在坦桑尼亞的油田，日產原油二萬三千桶。坦桑尼亞與中國邦交敦睦，不存在政治敏感因素，因而收購順利。

《歐元》（*Euromoney*）雜誌最近一期專門做過一項調查，證明大陸近年對外投資併購（Outbound Cross-Border M&A），都與搶資源有關。前天本報所載，大陸國營石油公司以二百二十六億美元，洽購阿根廷Repsol YPF石油公司，便是最新的案例。

《歐元》雜誌列表顯示歷年中國對外投資案件數、總值與其中牽涉自然資源的比例。簡略言之：從二〇〇三年起，當年對外投資四十一案、總值十四億九千五百萬美元中，有十案可歸入取得資源一類，占總投資額三九%。到二〇〇六年，對外投資共一百零三案，總值二百零八點七億美元中，與自然資源有關者增加到五九%。

去年大陸對外投資二百四十六案，總值五百二十一點四億美元中，與自然資源有關者也達六〇%。今年上半年對外投資雖僅有十七個案，總值一百二十五點四億美元，其中四案即占總值九八%，而且目的都在搶資源，幾乎像武俠小說裡常說的「殺紅了眼」，看見資源先搶了再說。

五十、違憲公投引政變　宏國民主內傷

（原刊九十八年六月三十日《聯合報》民意論壇）

馬英九啟程再訪中美洲前夕，宏都拉斯政情生變，外交部已經取消這段行程。讓我從駐節中美洲九年的經驗，解釋宏國這回政變的前因後果。

中美各國有一項共通點：鑑於尼加拉瓜曾有蘇慕薩 (Somoza) 家族盤據總統職位，哥哥傳位給弟弟，弟弟再把大位還給侄子，連續執政三、四十年的歷史，各國憲法都規定無論什麼人當選總統，以一任為限，終身不得再任，免得再出現一個獨裁家庭。

但是宏都拉斯帶點左派色彩的總統賽拉亞 (Manuel Zelaya)，居然要舉辦公民投票挑戰這項規定。如果他成功，今年十一月就可以啟動修憲機制。賽拉亞任期到明年元月屆滿；修憲案如過關，他就可名正言順地競選連任。

他的如意算盤引起國內外一片反對之聲。聯合國祕書長潘基文特別發表聲明，要求他自行克制。美洲國家組織在華府的常任理事會更通過措詞嚴厲的決議案，要求賽拉亞「尊重民主制度」，並否認美洲國家組織會派員到宏國觀察公民投票，因為那樣無異支持違憲的公投。

宏國最高法院原已判決：預定舉行的公投不符憲法中總統僅限一任的規定。拉丁美洲常有軍人干政，搞政變是家常便飯。宏都拉斯軍方這次先僅站在一邊，到上週日才為維護民主法治而出手，以行動改變了賽拉亞的如意算盤。

仔細讀報的人會注意到：午夜後軍隊包圍總統官邸，賽拉亞倉皇被捕。但他未受傷害，而是被送上飛機，到哥斯大黎加去終其餘生。這是中美洲政變的特色，我在中美洲九年，從來沒聽說過有流血的政變，都是以這種方式收場的。

不過，拉美左傾國家立即站出來支持賽拉亞。以反美著稱的委內瑞拉總統查維茲公開指責宏國反對賽拉亞的人都是右派反動分子，引起拉美左傾國家古巴、玻利維亞、厄瓜多和尼加拉瓜紛紛響應，說宏國政變是軍人干政，推翻了合法選出的總統。

事實卻是宏國國會立即選出議長米契列地 (Roberto Micheletti) 代理總統職務，等六個月後依法定程序辦理大選，沒有任何一位將領得到什麼好處。

然而，拉美左傾國家不論，宏國軍方的行動引起爭議是必然的。不僅原先強烈反對賽拉亞搞公投連任的美洲國家組織，現在強烈譴責宏國軍方這項「綁架賽拉亞」的政變，美國總統歐巴馬也表示關切，國務卿希拉蕊同樣予以譴責，聯合國祕書長潘基文更呼籲讓賽拉亞復職。畢竟，沒有一個國家政府會贊成政變的。

五十一、伊朗新人民革命

（原刊九十八年六月二十九日《中國時報》時論廣場）

獨裁政權下終究會長出民主的嫩芽，壓力愈大，反抗就愈強烈，德黑蘭（Tehran）鬧得如火如荼的人民革命（People's Revolution），正是最好的範例。

自從六月十二日伊朗下屆總統選舉開票，現任的內賈德（Mahmoud Ahmadinejad）號稱獲得百分之六十二點六的選民支持，擊敗另外三名候選人，包括穆薩維（Mir Hossein Mousavi）在內，引起廣大不滿。向來被認為政府控制最嚴密的伊朗人民，居然走上街頭抗議，使全世界瞠目結舌，難以置信。

在「最高領袖」（Supreme Leader，憲法規定的稱謂）哈米尼教長（Ayatollah Ali Khamenei）統治下，向來是「一言堂」的伊朗，怎麼可能有反政府遊行，而且持續十七、八天，愈演愈烈？分析原因，至少有四項：

第一，自從一九七九年何梅尼教長（Ayatollah Ruhollah Khomeini）從法國回伊朗，建立了「伊斯蘭教伊朗共和國」（Islamic Republic of Iran）以來，轉瞬已過三十年。今天的年輕人休說對當年推翻孔雀王朝（Peacock Throne）最後一位巴勒維國王（Shah Mohammad Reza Pahlavi）的經過所知有限，甚至對哈米尼前任的何梅尼印象也很模糊。他們只知道今天的伊朗，既沒有太多宗教熱情，更缺少對革命的回憶與認同。

第二，近年原油價格飛漲，伊朗油氣出口賺得大批外匯，經濟繁榮，平民生活大幅改善，不僅對外面世界產生好奇與憧憬之心，更覺得伊朗有權利與其他國家並駕齊驅。「別人可以做的事，為什麼我不可以做？」英國《衛報》(*The Guardian*) 二十二日引述一名伊朗大學教授 Besandiar Poorgiv 撰寫的投書，描繪自己滿腔憤怒，走上街頭的經過。他和附近的群眾被坐在救火車裡的治安人員，拿強力水龍頭企圖沖散，淋得滿身濕透時，他寫道：「我撿起一塊石頭就扔過去。我從來沒想到自己會做出這樣的事！」

第三，政教合一的伊朗，婦女出門必須頭纏黑巾遮住面龐，不讓陌生男人看見容貌；身上則須穿覆蓋到腳面的黑色長袍。社會進步後，大多數女性對這種限制極為反感。過去隱忍不發，群眾運動給了她們發洩怨氣的機會。外電報導，示威群眾中女性幾乎超過一半。

一名年僅十六歲的大一哲學系女生娜達 (Neda Soltani)，六月二十日和她父親一同在德黑蘭街頭參加遊行時，一聲槍響，她倒在父親懷裡，當場死亡。經過 Youtube 和CNN的傳播，她成為伊朗婦女爭取自由與解放的象徵，台北報紙也刊出她的彩色照片。

第四，人民能風起雲湧地參與革命，電子郵件與手機簡訊的功勞不小。有一個叫做 Twitter（原意為鳥類吱吱喳喳的聲音）的社交網路，從用戶端的軟體，可輸入最多一百四十字的文字，由於收發方便，情治機關無從干擾，變成革命人士互通音訊和對外連絡的最佳管道。福斯 (Fox) 新聞台曾有特別報導，稱讚它對自動參加示威者所起「吾道不孤」的黏合作用。

按理說，美國是伊朗最大的敵人，看見該國知識分子起來挑戰政府權威，應該趕快伸出援手才對。歐巴馬總統反而低調處理，因為美國深知，必須遠離這場自發自動的革命，以免伊朗政府指責華盛頓是幕後黑手。共和黨陣營裡雖有少數唱高調，大體而言，美國「袖手旁觀」的態度利多於弊。

伊朗這次大選，當政的內賈德總統舞弊做票，事實俱在。哈米尼要「憲政監護委員會」（Guardian Council，成員十二人，半為伊斯蘭教長，另半由議會 [Majlis] 提名；任期六年，每三年改選半數）調查真相，無非緩兵之計。連這個委員會也承認，三百六十六個選區中有五十區開出的票數超過選民人數，但堅持縱有錯誤，不足影響選舉整體結果。

局勢演變到今天，已經不是徹查內賈德當選總統是否合法，而是哈米尼本人乃至政教合一政權生死存亡的問題。現政府肯定會硬拗到底，驚天動地的伊朗人民革命，仍有可能以悲劇收場。

五十二、廢止罰娼 性政策大突破

（原刊九十八年六月二十六日《中國時報》時論廣場）

劉兆玄裁示：呼應性工作者人權要求，要內政部在年底前提出廢止「罰娼條款」。更重要的，是他明確指示這種事由地方政府和議會決定就夠了。正如上週通過「博弈條款」一樣，表示新世代的中華民國擺脫了守舊的冬烘氣息，作出正確決定。

不論台北、高雄或其他城市，表面上雖沒有紅燈區，實際都有性工作者在夾縫裡討生活。只是現在嫖客無須登門，只要到論鐘點計費的小旅館，叫櫃台打個電話，就有機車把小姐送來。管區警察知道得一清二楚。假如還有「衛道之士」認為開放性交易，會有礙國家形象，請他到歐美各地走一趟，長點見識。凡去過德國漢堡、荷蘭阿姆斯特丹、比利時布魯塞爾或西班牙巴塞隆納的人，對當地紅燈區都印象深刻。英國和美國雖然理論上禁娼，倫敦中心的 King's cross 或 Piccadilly Circus、紐約曼哈頓下城的 Bowery，乃至中區的時報廣場 (Time Square)，都是群鶯亂飛的地方。

政府的職責就是明察大勢，引導國家走入二十一世紀。劉院長的指示值得鼓掌。

五十三、胡錦濤風光東歐行

（原刊九十八年六月二十二日《中國時報》時論廣場）

上星期引人注目的國際新聞，是伊朗選舉總統後，支持反對派穆薩維的群眾十萬人上街遊行，認為獲選連任的內賈德總統涉嫌做票，導致最高領袖哈米尼教長改變原意，命僅有宗教地位、未經選舉的「憲政監護委員會」(Guardian Council) 重驗部分選票，美國媒體抓住了大作文章。但就對國際政治的影響而言，仍以大陸國家主席胡錦濤先到俄國參加兩次高峰會議，然後續訪東歐三國更為重要。

兩個高峰會議，先召開的是有實質分量的「上海合作組織」(The Shanghai Cooperation Organization，簡稱SCO）的首腦會議。為表示對亞洲的重視，特別在俄國橫跨歐亞兩洲烏拉山脈的葉卡捷琳堡(Yekaterinburg 舊稱 Sverdlovsk。按葉卡捷琳娜為帝俄時期女皇，在位三十六年，雄才大略；過去譯為凱薩琳大帝 Catherine the Great)。

SCO正式會員原只六國，五年前蒙古獲准成為觀察員，二〇〇五年又增加了伊朗、巴基斯坦和印度。它們也都由元首或總理親自出席，共計十位。SCO成立八年來，中國對其中低度開發國家投資總逾一百三十億美元。對其餘五會員國出口每年以三〇%飛躍成長，前年已達六百七十五億美元，可見好鄰居也是好主顧。

SCO峰會在六月十五日與十六日召開，其實所謂《成員國元首葉卡捷琳堡宣言》早就由六國外長準備好，但文件上標示的日期卻是十七日。而十六日下午，在原來的凱悅大飯店裡，中俄兩國元首又繼續參加歷史上第一屆的「金磚四國」(BRIC) 高峰會。BRIC 一字，原係高盛首席經濟分析家歐尼爾 (Jim O'Neill) 所創，現在卻變成舉世皆知、代表新興經濟大國的名詞了。

這四個國家——巴西、俄國、印度和中國——也確實名不虛傳。它們的總面積占陸地的百分之二十六，總人口更達百分之四十二，而四國經濟年成長率平均達百分之十點七。從這次開始，他們每年要舉行高峰會，自然是對現行國際金融制度表示不滿，要爭取更多發言權。

先談SCO第九屆年會的結論。它所發表的宣言列出十七點。首先強調「世界多極化」和地區因素，要用SCO「不斷增長的潛力和國際威望」，重建「惠及各國」的國際金融秩序。它特別提出「反對把國際反恐鬥爭與反對特定宗教混為一談」，明言「部分國家的安全不應以損害其他國家的安全為代價」，分明都針對美國的霸權而發。

為沖淡反美氣氛，宣言也表示支持「俄、美兩國」(請注意排名次序) 的防阻核武擴散努力，包括今年三月生效的《中亞無核武器區條約》，以及《削減進攻性戰略武器條約》(SALT II) 等。總之，凡俄國有分的它都不反對，俄國沒分的它就大聲譴責。

胡錦濤在會中講話，提出五點主張：㈠增強政治互信；㈡深化經濟合作；㈢強化安全合作，建議各國應共同簽署《反恐怖主義公約》；㈣擴大人文交流；㈤堅持對外開放。他歡迎白俄羅斯 (Belarus) 和斯里蘭卡 (Sri Lanka) 成為SCO的對話夥伴，也對巴基斯坦和阿富汗兩國總統首次以觀察員身分列席峰會，表示歡迎。

胡最後宣布：中國為支持SCO多邊合作，決定提一百億美元給中亞四國作為信用貸款，贏得滿座掌聲。俄國總統梅德維傑夫只能在旁乾咽口水。

金磚四國的首次高峰會，實際與SCO峰會同時在同地召開。新華社報導裡，巧妙地以「小範圍」稱呼SCO，加上金磚其餘各國就變成「大範圍」。BRIC首次集會，主旨當然在共謀應付金融危機之道。

全世界都瞭解，美國是這次金融海嘯的罪魁禍首，但各國又必須倚賴美元，因為它是全球唯一的通貨。金磚四國這次討論重點之一，是國際貨幣基金（IMF）使用「一籃子貨幣」(a basket of currencies)，作為計算「特別提款權」(Special Drawing Right，簡稱SDR）的基礎。目前只包括美元、日圓、歐元和英鎊四種。中、俄兩國認為應將人民幣和盧布加到籃子裡去，才能反映二十一世紀的實際情況，但也只能呼籲而已。

會開完後，十七日胡錦濤乘專機到莫斯科 (Moscow)，出席慶祝兩國建交六十週年紀念會，與俄總統發表「聯合聲明」，簽署了六項備忘錄與議定書；並會晤總理普丁。十九日，抵達克羅埃西亞 (Croatia) 首都Zagreb 訪問。二十日續往斯洛伐克 (Slovakia)，今天才會回到北京。

五十四、歐巴馬遞出橄欖枝

（原刊九十八年六月十五日《中國時報》時論廣場）

台灣和香港都在紀念六四天安門事件二十週年之時，美國歐巴馬總統到埃及首都，在開羅 (Cairo) 發表了一篇震撼伊斯蘭世界的演說。用希臘羅馬文化的說法，他遞出了一根橄欖枝，作為表達善意、尋求和平的象徵。

就這一點而言，其長遠影響力與重要性，超越了他本人膾炙人口的當選或就職演說。

歐巴馬選擇去開羅訪問，原因之一是穆巴拉克統治下的埃及，政教分離，沒有伊斯蘭教長 (Imam) 在幕前或幕後操縱政局。開羅有兩所名校：政府所辦的開羅大學 (Cairo University)，和西元九七三年創立的愛資哈爾大學 (Al-Azhar University)。後者是伊斯蘭教遜尼派的最高學府。我曾去參觀過，裡面從大陸和台灣去的留學生，超過百名。

話說回來，開羅大學也不小。它有十八個學院、一萬二千餘教職員、二十萬學生，只是比愛資哈爾年輕了九百多歲。歐巴馬不去愛資哈爾，而在開羅大學演講，想是美國負責總統安全的特勤局基於專業考慮，無法確保歐氏的安全。因而他開宗明義就先提愛資哈爾大學，感謝這兩所學校作為他的「共同東道主」。

此前一星期，歐巴馬在白宮接受阿拉伯電視台 (Al-Arabia TV) 訪問時，就說過：「美國與穆斯林世界的福祉息息相關……。我的家人中有穆斯林；我也曾在穆斯林國家成長。」可說已為在開羅的劃時代演講，先定了調。

這篇歷史性演說全長五十五分鐘。全部聽眾都是兩所大學的教職員與學生，但大廳僅能容納三千五百人。我計算過，聽眾總共鼓掌四十一次。他宣稱「美國沒有——也永遠不會——與伊斯蘭為敵」(America is not—and never will be—at war with Islam.) 的時候，反應最為熱烈。演說中途還有一位受他感動的學生站起來高呼：「歐巴馬，我們愛你！」惹得鬨堂大笑。

歐巴馬在演說中分析今日世界緊張情勢，指出造成這些問題的原因有七項：㈠以暴力方式表達的極端主義；㈡以色列與巴勒斯坦之爭；㈢核武國家應負的責任；㈣民主問題；㈤宗教自由；㈥婦女權利；㈦經濟發展與機會均等。

在外交與國際關係方面，他逐一列舉中東戰火正烈各國，解釋美國對它們的政策。他說，美國無意在伊拉克長期駐軍，也不需要伊拉克作為基地。駐伊兩個戰鬥旅今年八月就先撤出，到二〇一二年會不留一個美國兵。他把阿富汗與巴基斯坦說成美國與四十五個盟國為自身安全，在共同清剿蓋達和神學士恐怖分子的行動。

開羅演說實際的對象，除伊斯蘭信徒外，還有以色列。歐巴馬一反過去歷任美國總統被國內「猶太遊說團」挾持，盲目偏袒以色列的態度，明白反對以色列總理尼坦雅胡 (Binyamin Netanyahu)，放任從俄國來的新移民，在約旦河西岸構築新社區。他說：「美國不能接受以色列繼續構築安置區的合法性。」(The United States cannot accept the legitimacy of continued Israeli settlements.) 就外交辭令而言，這可算是最嚴厲的警告了。

離開埃及後，歐巴馬到德國會晤女總理梅克爾夫人，由她陪伴參觀希特勒屠殺了至少三萬三千餘名猶太裔與其他歐洲國家抵抗納粹侵略鬥士的 Buchenwald 集中營。然後折返法國，六月六日在諾曼地 (Normandie) 和英國菲利浦親王和布朗總理、德國梅克爾夫人與法國薩科齊總統，一同在美軍陣亡將士公墓前，紀念二次大戰諾曼地著名的奧馬哈海灘 (Omaha Beach) 登陸之役的六十五週年。

歐巴馬在開羅演講時，自己也承認：「單靠一篇演講，改變不了世界。」(No single speech can change the world.)。兩週來，各國學者、政客與媒體不斷地討論這篇演說究竟對伊斯蘭世界有多大影響，見仁見智，難有定論，唯有讓歷史去判斷了。

順帶一提：美國的馬屁文化其實不亞於台灣。幾天前，我上國務院網站，還看到這篇演講的全程錄影。此外更有歐巴馬總統與希拉蕊國務卿在埃及古蹟最高委員會 (Supreme Council of Antiquities) 會長 Zahi Hawass 陪伴下，走進金字塔內部探索那種神祕感、歐巴馬第一次騎上駱駝背以及和同行官員搞笑的幾十張照片，顯示他也有輕鬆的一面。

五十五、馬兼黨魁　不讓立院尾大不掉

（原刊九十八年六月十日《聯合報》民意論壇）

世上所有民主國家，不論直選制的總統，或君主立憲制的內閣總理，毫無例外地都是執政黨的黨魁。理由很簡單：如此才能貫徹命令，實現對選民的承諾。

英、法、德、日、印度、俄國、巴西、南非，無不如此。美國制度只表面上不同，民主黨與共和黨所謂「全國委員會」和它的主席，其實是選舉募款的機器，只在選舉年開動，選完後就塵封起來。你去問老美：兩黨的全國委員會主委是誰？保證百分之九十九的人不知道。因為歐巴馬才是民主黨的真正黨魁；而二〇一二年前，共和黨黨魁就是敗選的馬侃參議員。

中華民國有史以來，國民黨執政時期，總統就是黨主席。經國先生逝世，李登輝同時繼承總統與黨主席兩職位。民進黨執政之初，陳水扁兼任黨主席，到貪腐醜聞盡人皆知後才讓出來。馬英九在二〇〇五年七月十六日的全體黨員投票中，就已經以百分之七十六點三六的得票率，擊敗王金平當選黨主席。

馬英九若不因侯寬仁製作不實筆錄，以貪汙罪名起訴他在台北市長任內的特別費案，當年不會主動辭去國民黨主席，以明心志。他這次先告侯寬仁偽造文書，遭高檢署駁回再議申請後，更直接向法院申請交付審判，動機就在保護名譽。

從馬英九鍥而不捨地證明自己的清白，不惜創出以總統之尊，向法院控告一位檢察官的破例舉動，可見他愛惜名譽甚於生命的執著。

許多人不懂：馬英九已是總統，為何還要競選黨主席？我的解讀是：冰凍三尺，非一日之寒。就職一年多來，他發現許多事推不動，尤其立院國民黨八十幾位委員，形成尾大不掉之勢。這些委員前年底競選時，打躬作揖地請馬英九幫他們站台，老實的馬英九也來者不拒。

同是這些立委，現在卻有意無意地圍繞在王金平周邊，要伸張立法權，視總統府為對手。主張ECFA應先經審議的，就是他們。大家都忘記了：馬那時認為與王競選黨主席，是一場「君子之爭」。中央黨部開票結果出來後，他立即趕到王金平競選總部去致意，希望兩人能握手言歡。王院長那時已坐在車上，雖然知道馬市長來了，沒開車窗就驅車離去。

王雖難忘懷敗選的打擊，馬心裡其實只想到施政的效率。六月十五日，馬英九一定會派人代領表，投入國民黨主席選舉。吳伯雄只是無辜地被夾在馬王之間；吳一定會退讓，猶如馬一定會當選，毋庸置疑。至於在國民黨尊老崇賢傳統下，替吳伯雄安排個榮譽黨主席之類的名義，不在話下。媒體與名嘴們看馬總統回過頭競選黨主席的新聞，似乎都錯失焦點了。

五十六、馬英九中美洲之旅

（原刊九十八年六月八日《中國時報》時論廣場）

馬英九上任一年後，首次出訪友邦，大體而言是成功的。人民若感受不到他的成就，要怪隨行那些跑總統府新聞的記者群，或怪電視台與報社的採訪組長，為何不指派外交專業記者隨行？如果說大家都不懂西班牙文，那麼貝里斯是英語國家，而馬英九訪貝最完整的報導，是我在首都 Belmopan 出版的 *Amandala* 日報讀到長達一千字的頭條新聞。

有些人對馬這次道經瓜地馬拉有不同意見，我也是其中之一。因為瓜國剛鬧出駭人聽聞的疑案，牽涉到柯隆 (Alvaro Colom Caballeros) 總統，洗刷不清。馬總統即使非去不可，也可稍待兩月，等七月訪問巴拿馬時，順道前往，至少到那時，不會使外國觀察家感覺詫異。

是什麼樣的弊案呢？就在五月十日，瓜地馬拉市有位白人律師羅森柏格 (Rodrigo Rosenberg) 被人當街槍殺。第二天，他的遺屬公布了羅森柏格死前錄製的光碟。他對著鏡頭說：「如果我死了，肯定是被柯隆所殺的。」讀者可上 Youtube 網站，去看這長達十八分鐘，令人不寒而慄的死前獨白。我點閱之前，已有十幾萬人看過。瓜國媒體又爆出柯隆的第三任夫人 Sandra Torres 有賣官、收賄、營私等行為，都使柯隆夫婦的聲望蒙上一層難以去除的陰影。

八〇年代，我曾駐節瓜國九年，總算學通了西班牙文。瓜地馬拉是毒品走私者的天堂，治安極差，警察無力制止。去年像羅森柏格這樣橫死的人數，超過六千。但羅森柏格的案子太驚人了，國內外議論紛紛。目前的狀況是反對柯隆的人已收集三萬五千人簽名，要求國會取消總統的保護傘，交由司法調查。英國《經濟學人》雜誌雖以長文報導全案，卻預言查不出結果。馬英九夫婦在瓜市，幸而沒成為示威對象，隨行的台灣媒體大概也渾然不知有此一案，否則總該在報導裡提上一筆。

拉丁美洲近年經濟突飛猛進，中美洲卻依然貧困。對台灣而言，中美洲和加勒比海共有十二國與我有邦交，在全球二十三個友邦中剛好過半。僅就中美七國而言，原本鞏固的戰線，前年因哥斯大黎加曾獲諾貝爾和平獎的阿里亞斯 (Oscar Arias Sanchez) 總統倒向大陸，造成缺口。其餘六國原本也蠢蠢欲動，只因等著看阿里亞斯得到什麼好處，再做決定。幸而台灣去年再度政權輪替，兩岸外交休兵，得以穩住情勢。

大陸派到哥國的第一任大使汪曉源，本來駐節烏拉圭。據去年九月十二日的《紐約時報》透露，北京收買阿里亞斯的代價是購買三億美元的哥國公債，提供一億三千萬美元經濟援助以及若干名哥國學生的獎學金。我深信絕不只此，因為外界無從得知究竟有多少錢進了阿里亞斯的私囊。

中國也盡力增加對哥的雙邊貿易，去年已達二十九億美元。在技術援助方面，去年十一月新華社報導，大陸承諾為哥國興建一所煉油廠。阿里亞斯則取消了達賴喇嘛來訪的簽證，此人真正繼承了哥斯大黎加的傳統，懂得如何榨取他國的援助。

二十世紀裡，尼加拉瓜蘇慕薩家族 (Somoza) 父子叔侄相傳，執掌政權幾四十年之久。因此中美各國憲法都有個很特別的條款，當選總統者只能做一任，此後終身不得再任。副總統也要在卸任後再等四年，才能競選總統。阿里亞斯在一九八六到一九九〇年已經做過一任總統。但頂著諾貝爾和平獎的光環，他先在二〇〇四年說服憲法法庭，裁定總統只限一任的規定違憲。然後在二〇〇六年又出來競選獲勝。這一屆總統任期到明年五月屆滿，中美洲五十餘年來，只有他一個人做過兩任總統，可謂異數。

馬英九這次最大的成就，是阻止中美其餘國家學阿里亞斯的榜樣。而且確實做到了捨棄陳水扁式的撒錢外交，改以長期透明的公開援助，務使平民百姓受到實惠。至於薩爾瓦多（El Salvador，西文「救世主」之意）新總統傅乃斯(Mauricio Funes Cartagena)原為媒體人，當記者時採訪過薩國內戰雙方，近年在電視台主持訪談節目。他代表的馬蒂國家解放陣線（Farabundo Martí National Liberation Front，簡稱FMLN），有人視為洪水猛獸，其實不過中間偏左而已。

傅乃斯從出馬競選到以五一・二三%得票率當選總統，一直遵循中庸之道，馬總統和他應該談得來。薩國也是中美洲唯一以美金為國幣的國家，傅乃斯如真左傾，美國不會坐視。至於尼加拉瓜總統奧蒂嘉故意不見馬總統，無非敲詐手段而已，這次不加理會，下回他就懂規矩了。

五十七、走出六四　幫助大陸轉型

（原刊九十八年六月四日《聯合報》民意論壇）

呂秀蓮說，「不能再把中國當六四時的共產黨」，也承認「胡錦濤與六四無關」。過去每年參加六四紀念靜坐的馬英九今年還在飛回台灣的專機上。但是他也說，如果還用一九八九年的眼光看大陸，可能將來出問題的是我們自己。

台灣再度政黨輪替後，一改扁政權的閉關政策，朝擱置爭議，互不否認的大方針移動。馬英九一貫的態度是「客觀中肯看待大陸的變化」。今日兩岸關係正不斷改善，我們對六四雖不應一字不提，卻也不能拿二十年前的眼光，看待今日的大陸。

民進黨黨團在立法院提出「呼籲大陸承認武力鎮壓人民的歷史錯誤，平反六四」的決議文草案，看準了國民黨難以反對。蔡英文趁機要求馬政府公開呼籲大陸平反六四，並且把民主與人權納入兩岸議題的清單。柯建銘好不容易抓到個國民黨無從反對的題目，大聲疾呼說「立法院有表態的歷史責任」。國民黨立法院黨團書記長楊瓊瓔只好說，所有針對人權的議題她都支持，但決議文的文字內容須作適當修正。外界觀察認為可能用交付協商拖過六四當天，到一個月期滿，沒有人會再追問了。

台灣人不分藍綠，雖然不會忘記天安門事件，更樂於看大陸正逐步移向民主人權等普世價值。改變需要時間，要十三億人凝聚共識更非易事。我們有責任幫助大陸轉型，也有信心終究會達成。

五十八、選舉是台灣亂源

（原刊九十八年六月一日《中國時報》時論廣場）

馬英九就職已過一週年，帶了夫人周美青，首次出國去拚外交。兩岸關係穩定發展，上週二吳伯雄在北京和胡錦濤見面，為ECFA注射了一劑強心針。行政院研考會民調顯示，原本低迷的對政府施政滿意度，已回升到五成以上。股市仍然強勁，經濟在緩慢復甦。此時大家應可暫時放下政治包袱，思考台灣有何應興應革的大政。

該改革的事很多，其中之一是選舉太頻繁，連帶使黨爭劇烈，影響國家安定。環顧世界各國，沒有像台灣那樣年年都辦選舉而且各項分別舉行的。最早實施議會政治的英國，貴族院 (House of Lords) 由世襲或新冊封的勳爵組成，無須選舉。下議院 (House of Commons) 除非首相建請國王下令解散，要滿五年才重新選舉。首相由下議院的多數黨領袖出任，無絕對多數時，可拉攏小黨組聯合政府。

在美國，五百三十五位眾議員每兩年全體改選一次，但一百位參議員每次只改選三分之一。法律明定每逢雙數年的十一月第一個星期二為選舉投票日。但如十一月一日正巧是星期二，則投票日須改為下一個星期二。那年如要改選總統，那麼參、眾議員，乃至州長與州議員的選舉，也一起投票，不會分開來辦。

法國以自由、民主與平等自詡，海外殖民地都可選舉議員。參議院 (Senate) 和眾議院 (Assemble

Nationale) 除非被總統下令解散，每五年才改選一次。德國的上議院 (Bundesrat) 和下議院 (Bundestag) 任期更長，每四年才改選半數，因而也是逢雙年才有選舉。

我國自第七屆立院開始，立委任期已從三年改為四年，與總統副總統的四年一任相同。去年十一月二十六日修正《公職人員選罷法》後成為制度。但去年一月十二日先選立委，三月二十二日再選總統，實在浪費。台灣應學美國，把總統和立委的投票日併在同一天舉行，以節省人力物力。

先做到這一點後，還要精簡縣市長選舉的辦法。台灣只有這麼點大，交通如此便利，任何地方都不消半天即可抵達。但在名義上，台北和高雄是直轄市，其餘則屬台灣省管轄。自從省「虛級化」後，各縣市統歸行政院直接指揮，過去「中央‧省‧縣市」的三級制，早已名存實亡，留之何用？

現在的制度是雖然每四年選一次總統，但地方選舉又有直轄市與省轄縣市之分；分開跨年辦理，勞民傷財，莫此為甚。今年底要選省轄縣市長，雖然還有六個多月，地方上已經暗潮洶湧。例如在台南縣，民進黨有李俊毅對上陳唐山，自相殘殺，互不相讓，旁邊還擠了一個葉宜津，鬧得不可開交。如果立法院現在就修法，將所有縣市長不分直轄市或省轄縣市，統統都合在一起選，本屆即可適用，一定有許多人贊成。

這樣做的好處很多：其一是任期延長，雖然替周錫瑋解了套，也替民進黨蔡英文解決了南縣兩雄相爭的困難。民進黨現任台南縣長蘇煥智，更可在任上多做一年，他也不會反對。就國民黨而言，蘇貞昌志在三年後的總統選舉，縣長選舉如改到明年，他就不會來北縣攪局，胡志強也不必煩惱會被徵召來和蘇貞昌打一場硬仗了。

台中縣市合併已箭在弦上。行政院劉兆玄院長說，對於縣市申請合併，中央都會一視同仁，沒有哪一縣市必然會通過或不通過，民進黨如要請大法官會議解釋，看大法官們怎麼說吧。他雖沒有明言，我猜想他的意思是，所有縣市不妨到明年一起辦理改選，對大家都有利。

以上建議費了許多字，其實很簡單明瞭：就是今後每逢雙年才辦選舉，二〇一〇年三月，不分院轄市或省轄縣市，選舉所有縣市首長，二〇一二年則選舉總統、副總統和第八屆立法委員。從此以後，只要是同一年的選舉，都學美國的做法，在同一天辦理。完成修法後，為配合總統就職時間，此後都在三月二十日投票，清楚明瞭，既省時又省事。

五十九、房有鄰兄不為人知的一面

（原刊九十八年五月出版之《房金炎逝世周年紀念文集》）

四月底五月初，我們夫婦和黃秀日兄夫婦相約去汶萊，回國後才聽說房次長金炎兄恰在那時逝世。五月十二日，總算參加了台大國際會議中心舉行的追悼會。過後蕙英嫂要我寫點對有鄰兄的追憶，自然義不容辭。

有鄰兄天賦聰明，過目不忘，從小學到大學，從沒考過第二名，人所共知。他是第一位通過外交官領事官特考，進入外交部服務的本省籍青年，第一位本省籍科長，第一位本省籍司長，第一位本省籍大使，不必由我再來重述。因此，我想回憶些他不為人知的另一面，用有趣的瑣碎往事來紀念他，表示個人的追思。

我和有鄰兄訂交，要追溯到五十二年以前。民國四十五年秋，我進行政院新聞局，任第二（國際新聞）處處長。那時他是外交部情報司（後改稱新聞文化司）的薦任科員。司長是江易生，後調任駐美大使館公使。當時組織法尚無副司長一職，幫辦是繆培基，最後在駐黎巴嫩大使任內退休，直到他去世前，我們都還保持聯繫。

我比他們兩位要小個十幾二十歲，職務上卻有點像是對口單位。情報司有涉及國外宣傳召集會議時，我不敢怠慢，總親自代表新聞局出席。但新聞局第二處若要開個什麼會議，他們兩位很少來，常由房金炎代表。所以我們兩人混得很熟，直到民國五十二年我奉派去紐約為止。

有鄰兄的英文造詣很深，但日語之流利，比他的英文更好，只是他從不讓旁人知道。稔熟之後，我曾問過他為何如此。他說：如果初次外放就派到日本，會一輩子被當作只懂日文，再無到別國的機會了。我聽了大笑，後來想想也不無道理。

他做任何事都走在別人前面。任尼加拉瓜大使時，個人電腦剛問世，他就潛心學習。我說自己年紀大了，不會注音符號，怕很難學會使用。他馬上寄來大陸通行的漢語拼音法，說這種中文輸入法最容易學，試之果然。從此以後，凡須擬極機密電報部時，我可以自己寫後交發，既節省時間，又徹底保密，實在非常方便。

十年前正式退休後，我重拾記者生涯，每年總要寫百篇左右文章，絕大部分投給《聯合報》和《中國時報》。承三民書局董事長劉振強兄的好意，到年底替我彙集出版，至今已連續七年。如果我只能用手填方格子，倚賴旁人代為輸入電腦，傳給兩大日報；到年底再製作磁碟，交給書局出版，絕非個人力所能及，這是我最感謝有鄰兄的地方。

對朋友雖然親切，他的個性卻是嫉惡如仇，最討厭鑽營關說。次長主管人事，某次有一位同仁本已決定派往英國，那人偏不放心，又找某立法委員寫了封八行書給他拜託。收到信後，有鄰兄請人事處長來，把此人改派非洲，以儆效尤，此後再也沒人敢託大官向他打招呼了。

近幾年來，我和他長住台北，時相過從。幾乎年年都結伴出遊，大陸風景區或東南亞各地都有我們的足跡。只有他以客家總會身分去江西尋根時，我這個江蘇人不好意思跟去打秋風。我知道他為國家民族做了不少事，這本紀念集中應有各方面的記述，顯現他不可磨滅的貢獻。

我們最後一次愉快的合作，是去年二月我邀集四五十位退休同仁，在立法院院長會議室座談，我邀得丁前部長懋時主持，通過以「外交老兵」名義，在報紙刊登廣告支持馬蕭配。從籌備時期起，有鄰兄最為熱心，每次只有三四人的會商，他從未缺席。對每位退休同仁會否參加簽名，他更是瞭如指掌。最後列名的五十幾人中，一半以上是他聯繫後告訴我加入名單的。那兩個星期裡，我們一天要通十幾次電話，「如今追思已惘然」，為之涕下。

六十、扁不上當……

（原刊九十八年五月二十七日《聯合報》民意論壇）

吳淑珍有時很坦白。昨天到台北應訊，對外界把盧武鉉和扁從政經歷拿來比較，吳淑珍說，某部分是有點相像，對盧武鉉的遭遇也很同情。

陳水扁就不同了。聽見盧武鉉跳崖自殺的消息，阿扁說：有人要逼死他，他不會上當。他要活著出來，「看害我的人得到報應」。

什麼人要讓他上當？繫獄已將半年，他宣稱絕食究竟三次還是四次，大家都記不清楚了。如今在「反面教員」刺激之下，陳水扁早已想通了。他絕不會像盧武鉉那麼傻。他正在寫第三本書，定名為《美國的紅線》。

聽見阿扁這番話，有人鼓舞，有人卻擔心民進黨的前途。放心者除吳淑珍和陳家子女外，還有土城看守所上下，民進黨內的死忠幹部，以及一些只知挺扁、不問是非的深綠群眾。

什麼樣的人可能反而會擔心呢？蔡英文主席、蘇貞昌、謝長廷、李文忠、林濁水、羅文嘉等。他們對陳前總統的恬不知恥，翻臉不認人，有過親身體驗。除非特偵組趕快把阿扁夫婦一大堆貪汙案偵結起訴，所犯罪名刑責都在七年以上，因而不得保釋。

盧武鉉死後，李明博不但把盧家屬的貪汙案一筆勾消，還以僅次於國葬的「國民葬」為盧料理後事。北韓也在此時試爆核彈，引起聯合國安理會和中國大陸同聲譴責。這事倒像在幫李明博的忙，吸引世人眼光不再追究盧武鉉自殺原因。李明博的家人同樣犯下貪汙案，也會慢慢被忘卻了。

阿扁知道盧武鉉死後，南韓政府一百八十度大轉彎的動作。他會有什麼感想呢？無人敢隨便猜測。不過昨天吳淑珍和其他人探監後都提到，扁要活著出去，看害他的人的下場。當然，因為他自己說過，絕不會上當。

六十一、中與歐盟「破鏡重圓」

（原刊九十八年五月二十五日《中國時報》時論廣場）

先要聲明，這個肉麻標題不是我的主意，而是新華通訊社五月二十日報導溫家寶總理在捷克首都布拉格(Prague)和歐盟領導人舉行第十一次高峰會的用語。新華社另一篇訪問大陸駐歐盟大使宋哲和歐盟駐北京大使安博(Serge Abou)的新聞標題，把中歐關係形容為「四十不惑」。我也不太懂其中含意，恐怕新華社該給記者和編輯們，專開個中文成語意義的補習班。

這次的中歐高峰會，原定去年十二月一日在法國里昂(Lyon)舉行。只因輪值歐盟主席的薩科齊總統不識相，要與達賴喇嘛會晤。大陸早已警告法國切勿干涉中國內政；薩科齊卻推說，他只是到波蘭的但澤港(Gdansk)，和所有諾貝爾和平獎得主見面，既不在法國境內，也與歐盟無關，怎能單獨把達賴排除在外呢？

這當然是推托之詞，中法間為此交涉兩三個月，毫無結果。溫家寶一怒之下，取消里昂之行，等於打了薩科齊一個響亮的耳光。大陸愛國青年甚至怪罪家樂福(Carrefour S/A)，發起抵制法國貨運動，兩國關係幾乎接近冰點。

今年上半年，輪到捷克擔任歐盟主席。幾次向北京輸誠，溫家寶志得意滿，才答應恢復舉行已有十一年歷史的峰會，這也就是新華社得意忘形地以「破鏡重圓」描述第十一屆中國與歐盟高峰會的原因。

名為高峰，其實只有三人出席，無怪歐洲報紙稱為「三頭馬車」(Troika)：中國總理溫家寶、捷克總統克勞斯 (Vaclav Klaus) 和歐盟理事會 (EU Commission) 主席巴洛索 (Jose Manuel Barroso)。或者可說三個半人，那半個列席者是歐盟理事會祕書長兼外交與安全共同政策的高級專員 (High Representative for Common Foreign and Security Policy) 索拉納 (Javier Solana)。不管怎樣，把這三個半人的會面稱作「中歐高峰會」，難逃小題大作之譏。

新華社描述峰會經過，說「雙方在坦誠、務實和友好的氣氛中，就進一步發展中歐全面戰略夥伴關係，共同應對國際金融危機、氣候變化等挑戰，深入交換了意見，達成重要共識」。溫家寶在公開記者會中，至少提出了些數據。他說：歐盟是中國最大的貿易夥伴，對中國出口每年增幅超過百分之二十；去年雙邊貿易額達四千二百五十六億美元之鉅。

溫還說，他坐了十個小時的飛機，那天早上剛到布拉格。但是因為國內還有緊迫的事情，當晚又得坐十個小時的飛機趕回北京。他又說：「中國人講求言必信，行必果，無信不立。國之交止於信，我以為發展中歐關係也要遵守這個原則。」話中是否有話，就讓歐盟去猜吧。

會只開了一天，雙方幕僚談判了半個月的新聞公報，卻面臨難產，歐洲媒體傳說陷入僵局。歐盟不似東協，沒有常設祕書處，巴洛索與索拉納只是空頭主管，有將無兵。所以歷次峰會，都由地主國兼負祕書處事宜。這次由捷克外交部起草，原來長達十頁的公報草稿，溫家寶嫌它太囉唆，大筆一揮，刪得只剩下一頁，分為八段。最後發表的公報與新華社電訊最大的不同處，是經溫家寶刪改後，「高峰會」三個字不見了，變成第十一次中歐領導人單純的「會晤」。

雖然來匆匆，去也匆匆，總要有些討論的題目。依照新聞公報，雙方觸及的問題，包括中歐關係、全球經濟和金融危機、氣候變化和能源安全；雙方也就朝鮮半島、緬甸、伊朗、斯里蘭卡、阿富汗和巴基斯坦等地區的情勢，交換了看法。

公報也提及今年五月七、八日在布魯塞爾（Brussels）舉行的第二次中歐經貿高層對話，承諾將全面執行倫敦金融峰會領導人聲明，抵制和反對各種形式的保護主義。這點對出口導向的歐盟甚為重要。雙方在會晤中簽署了《中歐清潔能源中心聯合聲明》、《中歐科技伙伴關係計畫》和《中歐中小企業合作共識文件》，作為會談成果。最後，雙方同意今年下半年在北京再次舉行會晤，而非峰會。新華社記者與編輯們，可要注意別再犯同樣的錯誤了。

六十二、葉金川受委屈了

（原刊九十八年五月二十一日《中國時報》時論廣場）

台灣終於以「中華台北」的名義，正式成為國際衛生大會的觀察員，而且葉署長被稱為部長，得來不易。偏有留法學生黃海寧對他嗆聲。民進黨執政八年，每年也到世界衛生組織（WHO）敲門，用的是「台澎金馬防疫區」！如今，大陸同意我國以「中華台北」名義參加，是相當程度的讓步。它等於承認四年前與祕書處簽訂的備忘錄——防阻台灣進入世界衛生組織與每年在日內瓦召開的世衛大會——業已失效。而台灣入會的名稱裡，「中華」是形容詞，意思是「中華的」，「台北」才是名詞。中華民族的台北，有何不妥？比「台澎金馬防疫區」好得太多了。

民進黨執政八年，派遣大批官員與民間人士，每年五月到世衛大會地點的日內瓦，在舉行大會的「萬國宮」（Palais des Nations）門外請願示威，但根本進不了萬國宮的門。拿今天和過去相比，綠營的人能嗆真正為台灣打拚的葉金川嗎？

六十三、你所不知道的尼泊爾

（原刊九十八年五月十八日《中國時報》時論廣場）

兩星期前，喜馬拉雅山腰的「尼泊爾聯邦民主共和國」，幾乎發生政變。台灣報紙未見片語隻字報導，我是在《洛杉磯時報》(*Los Angeles Times*) 看到這則新聞，追蹤最新發展，從而深切感受印度視尼泊爾為其勢力範圍，與因此而生對大陸的敵意。

對於尼泊爾，台灣人可謂印象模糊。絕大部分人根本不知道尼泊爾從去年起已經廢掉二百四十年歷史的君主制度，更不知道尼國從來就不以藏傳佛教為主要信仰。至於近幾年來，尼泊爾與全球民主化潮流幾乎背道而馳，有變成共產主義國家的可能，更毫無所聞。

究竟發生了什麼事呢？尼國首相普拉查達 (Puspa Kamal Dahal Prachanda) 原本下令撤換陸軍總司令卡特瓦爾 (Rukmangad Katuwal) 將軍，因為他一味拖延，遲遲不願遵守二〇〇六年結束內戰時簽訂的停戰協定，將「毛派人民解放軍」收編為尼泊爾國軍。同時，卡特瓦爾將發動政變的謠言滿天飛，弄得人心惶惶。

但是到五月四日，卡特瓦爾仍端坐在陸軍總部，而去年八月根據兩年前停火協定選出單一制「制憲議會」(Constituent Assembly) 後，由各黨各派協商產生、屬於極左派陣營的普拉查達總理卻提出了辭呈。原因是亞達夫總統 (Ram Baran Yadav) 不同意撤換軍頭，使他別無選擇。

這段曲折的政治發展，有兩點意義：其一，是尼泊爾國內路線之爭，崇拜毛澤東思想、擁抱共產主義的極左派，不敵在穩定中求發展的右派；其二，則是以喜馬拉雅山為國界的中國與印度之間，不論有意無意，印度承繼了大英帝國時代的策略，又一次把尼泊爾緊緊抱在懷中。

總理辭職了，亞達夫總統要正在集會修憲的國民議會，在五月九日前協調出繼任人選，再由他依法任命組閣。但是議會六百零一名議員中，占據二百三十八席的最大政黨，正是毛澤東主義的尼聯共黨（Unified Communist Party of Nepal-Maoist，簡稱CPN-M），比第二位的尼泊爾國大黨 (Nepal Congress) 的席次超過三倍有餘。第三大黨叫做「聯合馬列主義共產黨」(Communist Party of Nepal-Unified Marxist-Leninist，簡稱CPN-UML），可見馬列思想之深入民心。

應亞達夫總統之請，上週末國會二十四個黨派中二十二個小黨晝夜不停地開會協商。但第一大黨CPN-M與第三大黨CPN-UML不僅缺席，還在街頭發動示威抗議，自然一事無成。總統給的限期如今已超過九天，還是一籌莫展。

再過十天，五月二十八日就是尼泊爾的「共和節」亦即國慶日，僵局能否解決，誰也不知道。

尼泊爾不是一般人想像的小國，面積十四萬七千平方公里，比台灣大四倍；人口二千七百多萬，也遠多於台灣。一般人以為它既在喜馬拉雅山腰，氣候應與西藏相仿；事實上除東部山區外，尼泊爾卻是一片土地肥沃的高原。山區固然寒冷，人口密集的高原卻風調雨順，六月至九月裡幾乎每天都下大雨，有點像台灣的梅雨季節。

印度視尼泊爾有如其保護國，因為尼國有二百年受廓爾喀 (Gurkha) 王朝統治。今日百分之八十一的尼國人仍信仰多神的印度教。我們以為尼泊爾是佛教國家，但佛教徒僅占百分之十一，剩下的伊斯蘭信徒和天主教徒與基督教徒總人數相當，各僅百分之四左右。

換句話說，尼泊爾和印度的關係密切無比。印度眼見幾年來尼泊爾逐漸變成共產國家，焦慮可想。但新德里上週剛選舉國會，忙於計票，對尼泊爾的政治危機也只能坐視。

卡特瓦爾總司令不肯收編毛派人民解放軍，因為這支被灌輸過馬列主義的部隊，人數有一萬九千之眾。但依據二〇〇六年十二月簽署的《尼泊爾和平協定》，這支毛派部隊確已放下武器，進入聯合國與慈善機構捐款所建的五十所集中營，等候編入尼泊爾國防軍。卡特瓦爾深怕把他們收編了，會後患無窮，亞達夫總統顯然同意他的看法。但做法違反了和平協定，以致僵持至今，無人拿得出解決的方法。

五月十四日，印度 Kerala News 網站報導，尼國最高法院 Bharat Raj Upreti 法官命令政府在十五天內，說明為何避不執行解除卡特瓦爾職務的理由。

問題在左派對和平協定遵守不渝，違背協議的反而是亞達夫總統和他的政府。安理會也為尼泊爾情勢開過幾次會，毫無結果。

大陸樂得站在一旁說風涼話。北京外交部發言人馬朝旭五月十日說，中國「希望有關各方保持團結，共同推進和平進程，實現政治穩定和經濟發展」。聽者如問有此可能嗎？絕對沒有。

六十四、你不知道的斯里蘭卡

（原刊九十八年五月十一日《中國時報》時論廣場）

台北報紙似乎未有報導，上星期二亦即五月五日，斯里蘭卡（Sri Lanka，舊稱錫蘭 Ceylon）首相維克倫馬那雅克（Ratnasiri Wickremanayake）在該國國會宣布說，政府軍追捕三十幾年未獲的叛軍LTTE（Liberation Tigers of Tamil Eelam），俗稱「泰米爾之虎」（Tamil Eelam）的首領——普拉巴卡倫（Velupillai Prabhakaran），已經被政府軍圍困在方圓不滿四平方公里的一個小鎮裡，他被捕的捷報很快就會傳來。

今天已是五月十一日，六天過去了，普拉巴卡倫仍未就擒。讀者如果好奇，可直接到泰米爾之虎的網站 www.tamileelamnews.com 去查看，除他的照片、英雄事蹟與最近發展外，還有可與這支神出鬼沒的游擊隊二十四小時聯繫的電話號碼。

是什麼深仇大恨，能使這支叛軍從一九七七年起，為爭取獨立建國，與斯里蘭卡政府軍惡鬥迄今呢？雙方以及無辜民眾的死傷總數已逾五十萬人，足可稱為一場內戰。這需要從頭說起。

二戰結束後，英國准許錫蘭獨立，稱為「斯里蘭卡社會主義民主共和國」，其實並未推行社會主義。這個島面積不大，僅六萬五千六百一十平方公里，人口二千零十萬，比台灣略少。問題在於全國七四％是辛哈族，篤信佛教者又占其中九〇％；泰米爾族占一八％，信的是印度教；還有七％的人崇信伊斯蘭教。種族與信仰南轅北轍，摩擦引起火花，血債血還，終至不可收拾。

使斯里蘭卡人或印度人都「聞虎色變」的原因，是LTTE視死如歸的精神。早在三十年前，他們就發明了自殺炸彈術。每個「黑虎隊」(Black Tigers) 成員隨身都帶一小管氰化鉀，不成功便成仁。巴勒斯坦阿拉伯人的「哈瑪斯」(Hamas)，所有恐怖手段都是從「泰米爾之虎」學來的。

泰米爾族婦女尤其勇敢，在裙底綁上炸藥，輕輕一拉，與行刺目標同歸於盡，認為這樣犧牲會讓她們死後上天堂。喪命在她們手上的斯里蘭卡高官不計其數：一九九一年有印度首相拉吉夫．甘地 (Rajiv Gandhi，按係前女首相 Indira Gandhi 幼子），一九九三年有斯里蘭卡總統 Ranasinghe Premadasa，二〇〇五年則有斯里蘭卡的外交部長。去年就發生過五次自殺炸彈事件，被殺的有斯國的建設部長、公路部長和好幾位國會議員。

為什麼連印度首相都成為黑虎隊行刺的對象呢？因為兩國都有辛哈族，也有泰米爾族，糾纏不清。斯里蘭卡四面環海，距離印度僅二十八公里，隔海就是印度的 Tamil Nadu 省。同文同種，印度的泰米爾人自然支持斯里蘭卡泰米爾族的獨立運動。而散居世界各地，尤其在美國人數最多的泰米爾僑民，則是踴躍捐錢給獨立運動的財源。

稱泰米爾之虎為叛軍，因為它除海外源源不斷運來的軍械彈藥，包括裝甲與輕砲裝備外，有一段時期甚至擁有海空軍。一九九五年，叛軍快艇曾在公海擊沉兩艘斯國艦隻。今年二月，兩架叛軍小飛機飛到首都可倫坡上空，一架被擊落，另一架的炸彈則擊中國稅局，鄰近有陸、空軍總部和總統官邸。這次自殺攻擊，雖無重大傷害，所顯現的堅韌不屈令人震撼。

印度政府原本好意想調停斯里蘭卡內戰，一九八七年曾空投食物給政府軍包圍的泰米爾人。那年七月，印度拉吉夫・甘地首相和斯里蘭卡簽署協定，為泰米爾族爭得若干權利，如文字平等、擴大省自治權等。印度派遣了維和部隊來斯里蘭卡。泰米爾軍雖接受和談結果，不久就故態復萌，和政府軍又打起來。政府也因有印度維和部隊駐紮重要城市，不虞攻擊，乘機抽調部隊，集中兵力攻擊叛軍。究竟誰對誰錯，變成一本算不清的爛帳。

更荒唐的，是印度維和部隊也捲進混戰漩渦，和叛軍打了起來。五萬名印度軍雖然裝備精良，訓練有素，卻受創慘重，最後只好撤出。隨後，美國與歐盟各國將ＬＴＴＥ列為恐怖組織，凍結其海外存款，嚴查捐款來源，對叛軍的打擊遠甚於戰場上的得失。今年二月，美、日和歐盟發表聯合聲明，勸ＬＴＴＥ放下武器。北歐的挪威、瑞典和丹麥則出面調停，希望和平解決延續三十幾年的內戰。

泰米爾的叛亂會因ＬＴＴＥ失敗而結束嗎？恐怕言之過早。只要辛哈族與泰米爾族的冤仇不解決，死灰復燃只是早晚間事。

六十五、明槍暗箭　江丙坤定風波　難

（原刊九十八年五月七日《聯合報》民意論壇）

海基會江董事長星期一面見馬總統，提出書面辭呈。消息曝光後，府院都極力挽留。他引蘇東坡調寄〈定風波〉之句自況，足見辭意已堅。

在台灣經濟快速發展期間，江丙坤對國家貢獻之大，無庸辭費。我儘管比他痴長幾歲，卻從無機緣共事。二十八年前，他從駐南非經濟參事返國，即組織旅斐同仁聯誼會，每年春節前後，必定舉辦聚餐活動，後來更擴大容納所有曾派駐非洲各館處的同仁。我退休返國十年來，只要人在台北，必定參加，但很少有深談的機會。他的請辭震驚全國，料想對岸也同感不解。

從他引蘇詞「也無風雨也無晴」一句去推敲，顯然受了許多委屈。中國政治的傳統，就是離最高權力愈近，同僚間的傾軋也愈烈。明槍易躲，暗箭難防，自古已然，於今為烈。江丙坤與陳雲林三次會商，繼承了辜振甫先生的風骨，更寫下一年內簽訂十項協議的空前紀錄，為兩岸關係開創了新紀元，正如他所說，「是時候了」。

江董事長今年七十七歲。公子江俊德結婚很晚，今年已五十歲。我與俊德僅有一面之緣，不曾談過一句話，但知道他因為在南非讀中學，中英文都很有根柢。在外國，早已成人的兒子做什麼事，父母根本管不著。俊德的德鎂實業公司已成立十四年，在大陸或南非都有營業，但沒有民進黨立委所說的「特權經營」，更與他父親無涉，這是事實。

報章引述江丙坤的話說，他辭職是為了「還給自己時間，還給家人幸福，還給子女工作的自由和空間」，道盡辛酸。我要加一句，這是台灣的損失，國家的不幸。

六十六、歐巴馬的一百天

（原刊九十八年五月四日《中國時報》時論廣場）

美國凡遇新總統就任，媒體必定會從「新官上任」的百日新猷，評估其得失。歐巴馬在元月二十日宣誓就職，到五月一日，正好滿一百天。又因他是歷史上首位黑人總統，豈止用放大鏡檢視而已。歸納公眾的結論，評價難免不一，但仍是褒多於貶。

客觀而言，歐巴馬也真夠倒楣。短短三個多月裡，先要面對去夏就開始的金融風暴。然後一波未平，一波又起。源自墨西哥的新流感，沒幾天就籠罩全美。這兩樁滔天大禍，都不是他闖下的，卻必須由他負起全責。如何拯救美國經濟，怎樣防阻疫情蔓延，展望今後恐怕不易收拾，真是如臨深淵、如履薄冰之感，讓人替他捏一把冷汗。

美國上次發生金融危機，是一九二九年的事。小羅斯福到一九三三年三月四日才當總統，其時所有銀行都已關門，失業率高達二五％，農產品價格狂瀉一半。羅斯福雖然開出所謂「百日新政」(New Deal) 的藥方，而且國會等於空白支票簿，無論提什麼計畫，從成立聯邦存款保證公司（Federal Deposit Insurance Corp.，簡稱DFIC），到推行社會安全計畫，無不照准，也費了三、四年工夫，才扭轉經濟衰退現象。

上星期的《紐約時報》做了個「歐巴馬的一百天」的比較表，其中有幾項值得引述：㈠失業率從一一・一％升到一三・二％；㈡接受緊急援助的金融業者，從二九五家增至五六六家；㈢預算赤字則從七〇・三兆美元，跳到一一三・九兆。

四月三十日，歐巴馬在白宮的東廳開記者會，為他就職一百天自打分數，歷時五十七分鐘。ESPN網站有全程錄影；且看他怎麼說。

「一般總統就任，大約有兩三個難題，」他說：「我卻面臨七八個問題，必須盡速採取行動。」他的動作雖然夠快，有無效果呢？歐巴馬解釋說：「國家這條船不是快艇，它好比一條行駛遠洋的客輪。要將航行方向改變幾度，不能在一週或三個月內見效，或許需要一、二十年。」

他重申恢復經濟繁榮，捍衛美國安全，是他永遠不變的目標。「我們有許多工作要做；我們需要時間，需要努力。不止這一百天，我們要第二個一百天，第三個一百天，和以後所有的日子。」但是他保證：「美國會有個更美好的明天。」

歐巴馬在記者會上最先提到的，是已緊急撥款十五億美元，作為抗H1N1新流感之用。其次，他強調「經濟復甦法案」的重要性，因為美國經濟不能以流沙為其基礎。他認為美國政府預算赤字太高，行政效率則太低，必須痛加整頓。今年底前，他會向國會提出立法草案，約束華爾街的肥貓。

他最先宣布的是拯救汽車工業，讓克萊斯勒公司依破產法申請破產保護。德國的賓士廠應該放棄已投入的資金，由義大利的飛雅特接手，在三十天內談妥合作計畫。有關各方，尤其是汽車職業工會都須犧牲讓步，否則他不會拿納稅人的血汗錢，丟進這個無底洞。

對就任一百天來的外交政策，他說大體而言還算不錯，但只是開端而已。在具體作為方面，歐巴馬拒絕因新型感冒流行而關閉美國與墨西哥間長達三六一九公里的邊界。他說，這無異亡羊補牢，對兩國都沒有好處。

對伊拉克，他認為馬立基(Nouri al-Maliki)總理已能控制全局，美軍今年將完全撤離。剩餘的問題，關鍵在於伊斯蘭教徒又分為遜尼與什葉兩派；美國不能也無力介入純屬宗教與內政範疇的爭執，唯有等待伊拉克人自己解決紛爭。

歐巴馬承認，在阿富汗的美軍有陷入泥淖的可能，原因則是作為美國盟友的巴基斯坦，自從強人穆夏拉夫去年下台後，國內政局很不穩定。巴國鄰近阿富汗的省分，軍閥盤據，邊界走私猖獗，無人攔阻，使反美的游擊隊得以擴充勢力，養癰成患。

他解釋說，這是因為巴基斯坦七十幾年來和印度是死對頭，兩國並曾交戰。巴國政府過去只在意印、巴邊境的安全，卻忽視了「神學士」和「蓋達組織」在巴國內部日益囂張的影響力；美國正努力向巴基斯坦解說問題的癥結。

由此可知為什麼美國人民對歐巴馬的支持度不降反升，從六二%變成六八%；而且認為他施政方向正確的比率，從二三%一躍而至四一%了。

六十七、回擊失言 不能讓日方打馬虎

（原刊九十八年五月四日《聯合報》民意論壇）

馬政府對日本交流協會駐台代表齋藤正樹公然主張「台灣地位未定論」，處理已經很明快。外交部代理部務的夏立言政務次長，當天下午就召見齋藤，表達嚴重抗議。駐日代表馮寄台也和日本交流協會理事長通過電話，確認齋藤發言不代表日本政府的立場。

首先，齋藤說那些話「純屬個人見解」，根本站不住腳。外交官一言一行，代表國家，沒有個人意見可言。他既在中正大學舉辦的國際關係學會年會演講「台灣的國際法地位與日台關係」，自然有他的動機。說明白些，他是在試探馬政府對日政策的底線。

就外交慣例而言，這不是一樁偶發事件。他敢如此試探，我國就有權迎頭痛擊，要求日方立即召回，更換駐台代表人選。

一九六一年在維也納（Vienna）制訂的《維也納外交關係公約》（*Vienna Convention on Diplomatic Relations*），中華民國和日本都是原始簽字國。該約第九條明白規定：接受國得隨時通知派遣國，宣告使館館長或任何其他人員為「不受歡迎」，而且「不具解釋」，亦即不必說明理由。一九七九年一月，卡特時期的國務院要求把我在兩週內調回台灣，所根據的就是這一條。

其次，東京方面仍在混淆視聽。據報導交流協會昌中篤說：「有關台灣的法律地位，日本政府不持任何立場。」這句話裡顯然有文章，站在國家立場，政府應要求日方解釋清楚，究竟承不承認中華民國在台灣的主權，有就是有，沒有就是沒有，不能讓日本人打馬虎。

我們和日本的關係，不僅在民進黨執政八年不正常，李登輝時代就種下根苗。李前總統視釣魚台為日本領土，蘇進強率領的台聯黨代表團還去靖國神社參拜。而有部分台獨分子更寧肯做日本的順民，也不願做堂堂正正的中華民國人。

國家認同，是台灣每個人的基本責任。它與統獨之爭無關，任何人都有權贊成台灣獨立，但無權附和齋藤正樹的台灣地位未定論，自喪國格。

六十八、WHA突破　在野不應太質疑

（原刊九十八年五月二日《中國時報》時論廣場）

新型H1N1流感侵襲之際，台灣終於成為世界衛生大會（WHA）觀察員，得來不易。但民主進步黨黨主席蔡英文卻提出質疑，指責馬英九政府「偷渡主權」。

報載蔡英文在民進黨中常會做出三點裁示：應以WHO決議為基礎，確保可以年年參與；廢除二〇〇五年大陸與WHO祕書處簽訂的備忘錄；和在《國際衛生條例》(*International Health Regulations*, 簡稱 IHR）下，台灣所設通報點的功能與運作，應與其他國家相同，不能有差別待遇。

這三點其實都不成問題：一、國際關係最講究前例，有例在先，以後就可蕭規曹隨，年年比照辦理；二、大陸既然同意我國以「中華台北」名義參加，等於承認四年前與祕書處簽訂的備忘錄業已失效；三、至於為因應新流感而設置的疫情通報點，有《國際衛生條例》規範，當然與各國所設置的相同；難道會員與觀察員間還會有不同待遇嗎？

六十九、阿扁復辟夢　蔡英文噩夢

（原刊九十八年四月三十日《聯合報》民意論壇）

民進黨台北市黨部，由主委黃慶林操盤，前天一致通過「邀請」陳水扁夫婦回鍋。黃昨天並將申請入黨的表格拿給扁辦轉交給阿扁，給蔡英文主席平添一樁無法解決的難題。

蔡英文為人太溫和有禮，不夠辛辣，因而毀譽參半。民進黨當前的困境，是究竟走議會攻防的路線呢？還是採上街遊行的群眾路線？她舉棋不定，哪條路都不敢放棄，結果左右都不討好，這也是時勢使然。但就大方向而言，她逐步清理內部，要把民進黨帶回早年建黨理想的努力，值得稱許。

當前蔡英文面對的困擾，包括「四大天王」沒有一個人把她看在眼裡；年底縣市長選舉的參選人名單，遲遲無法定奪。但這些頭疼，都無法與陳水扁重回民進黨相比。只要阿扁恢復了黨籍，蔡英文即使名義上仍是主席，也只是一個傀儡而已。

蔡英文主席擋得住這股逆流嗎？本來就死忠於阿扁的偏激民眾，肯定會從中南部湧來台北。「五一七」大遊行，勢必變質成為挺扁大會。到那時，包圍台北看守所，甚或攻擊警察，都有可能。蔡英文擔負得起這種責任嗎？

蔡主席即使不在意她自己的職位，只為黨的前途著想，也該力排眾議，否決掉阿扁復辟的夢想。

七十、陸客倍增 準備不足誰之過

（原刊九十八年四月二十八日《聯合報》民意論壇）

江丙坤辛苦地率團到南京與陳雲林開第三次江陳會，達成協議內容廣泛。除金融合作、陸資來台與共同打擊犯罪外，並同意在鼓勵陸客來台觀光部分，每週定期航班從一〇八班增到二七〇班，增加率達百分之一百五十。

但交通部觀光局卻宣布，五月一日起，每日大陸遊客來台人數，由現行的每日七千二百人，降到三千人。讀這條新聞的人，不論是否從事廣義觀光事業如旅館、餐飲、遊覽、租車乃至賣紀念品的商店，會覺得觀光局怎麼會唱起海基會的反調呢？

沒錯，馬英九說過，陸客來台人數，「量的管制要精緻一些」，但總統並未要主管機關立即開倒車呀。胡亂猜測上意，乃至與陸委會授權與對岸談判的代表唱反調，所顯示的是：我們這個政府一面伸出右手和人握手，左手卻打那人一個耳光。天下有哪個國家的政府會做出這種荒唐事？

陸客人數忽然以倍數增加，反映台灣業者準備不足，追根究柢，主管的觀光局也難辭其咎。遊覽車不夠用，原規定接待陸客的遊覽車，車齡須在七年以內；在一〇一大樓被吊臂砸死陸客團三條人命後，反而放寬到十年的舊車也可以使用，等於草菅人命。

觀光局該管的事不管，對於不合格的旅行社借牌經營陸客生意，把每日租車費殺到不夠耗油量與折舊成本；各地販賣業者哄抬紀念品價格，剝削陸客；以及從日月潭到阿里山各景點的種種違規行為，不聞不問，豈只與整體政策方向不符，老實說有失責之嫌。

據報導，陳雲林在閉門會中建議台灣應該「設置一個民間性質的旅遊機構」，專責處理大陸遊客的意外事故。局外人無從瞭解討論內容；但由常理而言，像吊臂砸死人的事件，幾十年才可能發生一次，常設一個機構自然有別的用意。

用意何在？第一是授權這個台灣的「民間機構」，就地直接核發台胞證，免得如由海協會派員來此設處，成為綠營人士天天上街抗議的現成目標。第二是預防陸委會或觀光局像這次一樣，扯海基會後腿。

請劉院長和毛治國部長考慮一下陳雲林建議的可行性。

七十一、南非選總統 只是形式

（原刊九十八年四月二十七日《中國時報》時論廣場）

要談非洲，離不開南非。這個比台灣大三十三倍，卻只有我們一倍人口的國家，豈但在非洲是帶動經濟發展的火車頭，也是富國俱樂部G8每年年會的特邀來賓、G20經濟體的正式成員。聯合國如果修改憲章，它肯定會擊敗奈及利亞，成為安理會中代表非洲的永久理事國。

今晚，南非駐台北連絡辦事處代表梅逸伯（Petrus Meyer）夫婦將在遠企大飯店舉行酒會，慶祝「自由日」，我們稱為國慶。因為一九九四年四月二十八日，南非各族人民首度平等投票，選出「非洲民族議會黨」（African National Congress，簡稱ANC）主席曼德拉為總統。其實一九九〇年二月，當時的總統戴克拉克把他從監獄裡放出來後，世人都知道：黑人占人口七成的南非，只要票選總統，非曼德拉莫屬。

再過九天，即五月六日，南非國會將投票選舉總統。世人也都知道，當選人必定是ANC主席祖馬（Jacob Gedleyihlekisa Zuma），投票不過是形式而已。祖馬能上台，要怪曾任兩屆總統的姆貝基（Thabo Mbeki）；去年九月南非受通貨膨脹衝擊，他犯下平生最大的政治錯誤，妄想以退為進，宣布辭職。結果弄假成真，由國會選出議長莫蘭特德（Kgalema Motlanthe）代理總統職務。舉國不知所措之際，曼德拉寫了封信給莫蘭特德，表示支持，後者才能坐穩這個位子。

南非總統採間接選舉制。一九九六年才制定的憲法第八十六條第一款規定，設置相當於上議院的「各省參議院」，不論人口多寡，每省選出十人，共九十名參議員；與相當於下議院的「國民議會」。總統由國民議會議員中互選產生，任期五年。這也是世界各國獨一無二的總統兼為議員的制度。

上星期三即四月二十二日，南非已經普選出新一屆的國會。到下週三即五月六日，國民議會的四百名議員在立法首都開普敦 (Cape town) 開議，分批在首席大法官郎格 (Plus Lange) 主持下宣誓就職。然後執行憲法賦予的權力，選祖馬做總統，這一切都毫無疑問。問題在於祖馬當選了總統，今後五年裡，南非會變成什麼樣的國家？大家都在懷疑。

問題之一是：祖馬是個無惡不作、標準的「土皇帝」型非洲政客。他所涉入的民刑案件多達數十起，包括貪瀆、走私、逃稅、洗錢、詐欺等等。其中最不可思議的一案，是他在副總統任內，有位好友夏宜克 (Schabir Shaik) 前後給了他四百萬南非鍰。夏宜克因拿他的名義在外招搖撞騙，被捕判刑，祖馬卻無罪。姆貝基競選連任時，就因此案換掉了副總統候選人。

去年九月，祖馬當選ANC主席後，勢不可擋。本月六日，南非的「獨立檢察署」以選舉在即為詞，撤銷對祖馬的所有懸而未決的控訴案，讓他可以安穩當選總統。三月裡，夏宜克也重獲自由，否則祖馬肯定會特赦他。

祖馬好色，人所皆知。第二任妻子 Nkosazana Dlamini 在曼德拉時代做過外交部長，曾來台訪問，早被他離掉。他是個公開的多妻主義者，有人說他結過九次婚，另說只有五次。現任妻子 Nompumelelo Ntuli，年僅三十三歲，比祖馬小了一半還不止。他的情婦更不計其數。

問題之二是：得天獨厚的南非如今正遭遇各種困難。南非白人有七〇%是荷蘭人後裔的斐人，所操斐語也與荷蘭語有別。這些自認為土生土長的非洲白人，雖然接受黑人執政，卻對治績感覺失望。近十五年裡，白人出走了八十萬人，大多數移民到紐西蘭和澳洲，另謀生計。白人占人口比例減到只剩九%，黑人則從七〇%上升到七九・六%。

最低層的黑人，日子也不好過，南非在世界各國中，犯罪率排行第十；強暴婦女罪高居世界第一，謀殺紀錄則占第二。黑人性生活隨便，性病流行，成人中有二〇%感染愛滋，懷孕婦女竟達三一%，全國帶愛滋病原的高達五百七十萬人。另一個麻煩是非洲各國人民大批非法入境，辛巴威、剛果和蘇丹人為逃避各自本國的動亂，其他非洲國家人民則苦於本國求生困難，來南非非法打工，使南非失業率高達二〇%。

問題之三最難預測：南非有十一個種族，曼德拉和姆貝基都是秉性溫和的柯薩族(Khosa)人，這一族以農業為主，世居西開普省(Western Cape)。祖馬卻是驍武善戰的祖魯族(Zulu)人，出生在夸祖魯—那他省(Kwazulu-Natal)，他思想一向左傾，率領過ANC的游擊隊，他的戰歌《拿我的機關槍來》膾炙人口。ANC三大支柱之二的南非共產黨和南非總工會看不慣姆貝基任內保護工商業，因此特別支持祖馬。他會因而走極左社會主義路線嗎？還是會挑起南非內部的種族紛爭？今後十年將是關鍵。

七十二、美洲三十四國高峰會

（原刊九十八年四月二十日《中國時報》時論廣場）

從上週五起，南北美洲和加勒比海一共三十四個國家的元首與總理，在千里達及托巴哥共和國首府西班牙港舉行第五屆美洲國家高峰會，以討論金融風暴為主題。《華盛頓郵報》(*The Washington Post*) 引述美洲開發銀行總裁 Luis Alberto Morales 語帶譏刺地說：「這是西半球第一次不能怪罪於拉丁美洲的經濟危機。」

這話自然是針對美國而發的。平心而論，美國從一八二三年門羅總統宣示所謂「門羅主義」起，視中南美洲為其禁臠，不許歐洲列強染指。但美國自己對它的後院，卻只在沒事時偶或示點小惠；忙時就扔在一旁，不加理會。幸而南美各國地廣人稀，資源豐富，雖受金融風暴影響，經濟情勢比歐洲國家好得多，今年預估平均仍可成長百分之一點四；幅員廣大的巴西、阿根廷、智利等可達百分之二，祕魯更會成長百分之四，傲視全球。

今日世界上所有區域性組織，以一九一〇年創立的泛美聯盟 (Pan American Union) 歷史最久，當時僅以南美各國為限。到一九四八年，才簽訂了《美洲國家組織憲章》(*OAS Charter*) 與《美洲人權宣言》(*American Declaration of Human Rights*)。加勒比海的島嶼國家，遲至九〇年代才入會。美洲高峰會的歷史更短，每四年才開一次，因而今年僅是第五屆。因為有常設於華府的祕書處，本次會議公報去年就開始談判；拖得這麼久，自然是因為金融海嘯的關係。

歐巴馬總統十六日先到墨西哥訪問，與卡德隆總統 (Felipe Calderon) 會談，重申兩國在邊界合作掃毒的決心。但是他自元月二十日就職後參加的第二個高峰會，不會像上月參加北約與歐盟峰會那麼順利。雖然因美國強力反對，古巴代理總統的拉烏爾・卡斯楚 (Raul Castro) 被屏除在這次高峰會外；至少還有三個人看歐巴馬不順眼，會當面對他嗆聲：委內瑞拉的查維茲、玻利維亞的莫拉瑞斯和尼加拉瓜的奧蒂嘉。

這三位元首反美的動機，都以意識形態為基礎，尤以查維茲最為左傾。倚仗委國盛產石油的優勢，他剛去大陸、伊朗和古巴訪問過，僅從行程就可看出他的用意所在。他和胡錦濤在人民大會堂會談時，也不肯打領帶，以顯示他對資本主義國家一切事物都深惡痛絕。

莫拉瑞斯則強調他的純土人血統，成為四百七十年來玻國第一位印第安裔的元首，已經連任兩屆。奧蒂嘉半生領導桑定主義 (Sandinistas) 革命，推翻了美國支持的蘇慕薩家族 (Anastasio Somoza Garcia and sons)。如今他們三位在高峰會與歐巴馬平起平坐，又有中南美其餘國家的總統在背後撐腰，此次西班牙港的高峰會中，定會與歐巴馬唇槍舌劍辯駁一番，精彩可想。

拉丁美洲的左派群眾也來湊熱鬧，四月十六日至十八日間，集合各國民間團體，也到西班牙港，召開第四屆所謂「人民高峰會」(Summit of the People)，號召南北美與加勒比海各國的前進分子 (social activists) 報名參加，和各國元首與總理唱對台戲，並到高峰會場外遊行示威。

昨天通過的高峰會結論文件稱為《西班牙港承諾聲明》(*Declaration of Commitment of Port of Spain*)，洋洋灑灑八千餘字，分為六十六點。拉丁美洲人本喜堆砌辭藻，但在我四十年外交生涯中，也從未遇到過這樣又臭又長的公報。猜想即在中南美洲，恐怕也只有很少幾家報紙會刊登全文；台灣媒體更是興趣缺缺。以下簡單摘錄最重要幾點，使讀者能略知概況。

公報共分五部分。開宗明義，先提出三項優先目標：促進人類繁榮，保證能源安全，與環境的持續性。第一個目標要在六年內，將拉美各國貧窮率減少一半，盡量做到機會均等，特別協助低下階層與勞工，照顧貧病，衛生支出至少須占GDP百分之五；同時也要做到教育機會均等，明年須有四分之三的及齡學童能就讀中學。

能源安全與環境保護是歐巴馬最在意的兩項課題。公報對全球氣候變化、減少排放溫室氣體和尋求替代能源都有著墨，應該是美國推動的結果。但就我個人經驗而言，第四項加強公共安全，與第五項強化民主治理，正是拉丁美洲各國當前最需要做的事。國家愈落後，毒梟與黑道橫行情形愈嚴重。即使再開幾屆南北美洲高峰會，能否對各國低層土著的生活有所幫助，才是成功或失敗的試金石。

七十三、印尼國會選舉 難題多

（原刊九十八年四月十三日《中國時報》時論廣場）

不要小看與台灣近在咫尺的印尼。歐美有學者因為除美國與印度之外，就數印尼的七百九十萬平方公里面積和二億四千萬人口最多，稱它為「世界第三大的民主國家」。我不知道面積八百五十一萬平方公里的巴西對這個稱呼做何感想，但巴西人口才一億九千八百多萬，確實比印尼少了四千萬，「世界第三」如僅指人口而言，也還說得過去。

因緣際會，當前還有幾項因素使印尼行情看漲：它是全世界最大的伊斯蘭國家，百分之八十六的人都信奉真主，基督教與天主教合起來才百分之八點七。而且它和土耳其一樣，向來都實施政教分離，不像伊朗那樣，政教合一，由阿訇（伊斯蘭教長）專政。

印尼還有項無形資產：美國歐巴馬總統從六歲到十歲間，因為他的白人母親改嫁，隨繼父蘇陀羅（Lolo Soetoro）回印尼，在首都雅加達住過四年。所以希拉蕊國務卿亞洲之行專程去印尼一趟，到他唸過的小學去參觀。歐巴馬如來亞洲訪問，行程肯定會包括印尼。

上星期四，即四月九日，印尼辦理國會選舉，有一萬一千多人擠破頭，競爭「區域代表議會」（Regional Representatives Council，以下簡稱上院）的一百三十二席，和「人民代表議會」（People's Representative

Council，以下簡稱下院）的五百六十席。由於疆域廣泛，全國有一萬七千五百多個大小島嶼，其中六千多個島有人居住，但連絡困難，通訊設備落後，計票之緩慢可以想見。如要等官方計票結果，要幾天或幾星期，誰也難說。

印尼有六十幾個政黨，這次經中央選舉委員會核定其中三十八個黨符合條件，得以提名候選人。編造選民名冊更是項大工程，去年十月原本公布選民人數為一億七千零二萬二千二百三十九人；後又增為一億七千一百五十五萬八千七百七十五人，包括居住國外可用通訊投票者一百五十萬二千八百九十二人。要計算一億七千多萬張選票已經夠麻煩，如果有候選人不服開出票數，提出訴訟，更不知何年何月才能確定。

有資格投票的選民如此之多，競選激烈程度可想而知。政府規定競選活動可自去年七月十二日開始，各種造勢大會、報紙雜誌刊登廣告與各種競選文宣已經持續了九個月，老百姓都厭倦了。四月五日起，有三天所謂「冷卻時間」，停止一切活動，以待九日投票。

選舉非錢莫辦，在印尼尤其如此。選舉法對捐助候選人的款額訂有限制：給上院候選人的捐款，個人以二億五千萬盾為限，法人可捐五億盾。捐給下院候選人的，個人以十億盾為限，法人則提高至五十億盾。新台幣一元值三四八盾，即使折算成台幣，數額仍然可觀。計票完結後，席次分配的程序更加複雜，給執政黨許多上下其手的機會。

設在香港的「亞洲政經風險顧問公司」今年的貪汙評比報告，因顯示台灣比大陸貪汙更甚，在國內引起軒然大波。而高居榜首，被認為世上最貪汙的國家，正是印尼。這個國家可謂無官不貪，總統更是最大的貪汙犯。這項傳統自蘇卡諾 (Bung Sukarno) 時代迄今，歷經四十餘年而不衰。繼任的蘇哈托 (Suharto) 做了三十年總統，到一九九八年才下台，更是富可敵國。

這段期間東南亞發展迅速，石油價格飛漲，產油的印尼連帶受惠。所以舉世衰退聲中，去年印尼經濟成長率仍有百分之六，今年也會成長百分之三。國民生產毛額估計有五百十一億美元，個人平均所得達三千九百美元。有此潛力，印尼理所當然是G20成員之一，尤多約諾總統剛從倫敦回國，得意之情，溢於言外。上週六亦即四月十日，《華爾街日報》(*The Wall Street Journal*) 搶先報導，國會選舉計票雖需時日，初步估計尤多約諾總統領導的民主黨將會大勝，無人覺得詫異，因為那是理所當然的事，總統的黨如果輸了，才是大新聞。

印尼也有分裂問題，曾為葡萄牙殖民地的亞齊(Aceh)，有自由亞齊運動(印尼文 Gerakan Aceh Merdeka，簡稱 GAM)，由八十八歲的狄羅 (Hasan Tiro) 領導。總部設在芬蘭首都赫爾辛基 (Helsinki)，指揮亞齊爭取獨立分子，打了幾十年的游擊戰。二〇〇五年與尤多約諾政府達成協議，解除武裝，換取印尼撤退駐軍，用投票來解決紛爭。

尤多約諾並未食言，這次國會選舉特別容許六個亞齊的政黨，其中兩個合法，四個是主張獨立的非法政黨，容許亞齊人表達他們的自由意志。

亞齊如獲得獨立，對印尼並無大影響，卻表現出印尼政府的民主精神，尤多約諾在國際間的聲望會再度上升。

七十四、與其衝冠一怒　不如設廉政公署

（原刊九十八年四月十日《聯合報》民意論壇）

平素溫文爾雅的馬總統前天真的發脾氣了。原因是設在香港的「亞洲政經風險顧問公司」發表亞洲、中南美與澳洲總共十七個國家的「貪汙評比報告」，中國大陸名列第九，而台灣竟然排在第八位。換句話說，我國貪汙情形比大陸更嚴重，難怪他有衝冠之怒。

總統因此親自上第一線，宣布「不分藍綠，不問官階高低」，凡涉及貪瀆者都要徹查，限司法與行政部門在三個月內提出所有重大弊案的檢討報告。倒楣的衡山指揮所少將指揮官趙泰祺恰在同一天被調查局北機組約談，上了頭版。昨天前參謀總長霍守業和他的太太也被媒體爆料，說有賣官之嫌，看來又會越炒越熱，好戲還在後頭。

平心而論，台灣確有不少貪汙情形，而且不能完全歸咎於陳水扁與民進黨八年執政時期的上行下效。政權再度輪替快滿一年，雖然高層貪汙確已絕跡，但中下層呢？沒人敢擔保業已根絕。最自由民主的國家仍然有人貪汙，我在美服務期間，新聞處自己買的大樓，紐約市房屋管理處官員常來挑毛病，不勝其煩，後來才懂得只要塞一張二十元美鈔，就無事了。

造成貪汙的原因多不勝數：官僚體系積重難改，聖人少而小人多；收受賄賂時，總以為人不知鬼不覺。

此所以古人有「四知堂」，意思是說「天知、地知、你知、我知」，怎能說沒人知道？新加坡要求公務員操守清廉，所採的手段是提高待遇，部長級年薪折合新台幣達一千五、六百萬元，看人家的制度，才知道嚴刑峻法之外，仍須「養廉」。

總統府嚴令檢調機關在三個月裡肅清貪汙呈覆，只能說是緣木求魚，不可能收到任何效果。三個月很快就會過去，期滿時民眾肯定不會滿意，馬政府的施政成績恐怕更將下跌，人民支持度也將再度滑落，比現在的百分之三十左右更加慘不忍睹。

真要根絕貪汙，立法院通過財產來源不明罪，只提供了工具。唯有趕快仿效香港行之有效的前例，設立專門調查貪汙的「廉政公署」，從制度面著手，才是正辦。

這個新單位不必追查前朝的貪官汙吏，特偵組換血增添人手後，已經夠了。新設的廉政公署雖仍須受檢察總長節制，須有獨立主動調查之權。所有案件在調查期間，對包括檢察總長在內的任何政府機關首長，乃至立法委員或監察委員，都有完全保密的權力，不洩漏半點消息，直到全案結束為止。

總統如肯考慮這項建議，是人民之福，更是國家長治久安的保證。

七十五、G20峰會的收穫

（原刊九十八年四月六日《中國時報》時論廣場）

兩星期前，本欄〈細說G20預備會〉一文，已經把這個十九國再加歐盟組織的歷史沿革，交代清楚。原本只是二十個經濟體的財政部長和中央銀行總裁的會議，因經濟風暴席捲全球，去年起才變成十九國元首加歐盟輪值主席的高峰會議。上週四在倫敦召開的高峰會（G20 Summit），雖然受到舉世矚目，無非把兩週前預備會議談妥的結論，昭告世界而已。

所謂「元首外交」，本來就是演戲。否則二十位總統、首相、國王和執行長齊集一堂，只開了一天會，怎能得出「投入一點一兆美元搶救世界經濟」那麼重大的協議，並且發布六頁長，共計二十九條的「倫敦公報」（*London Communique*）？

只有《紐約時報》和巴黎《國際先鋒論壇報》刊出公報本文。台灣沒一家媒體曾摘要報導。這份公報還有兩項附件（Annexes），字數上萬，更無人提起。只有查看G20官方網站，才知道有這麼多頁的文件。

分析G20高峰會的成就，要從兩個層面去看。台灣各報雖然大幅報導這次峰會新聞，各方評論並未抓到癢處。什麼才是這次會議的核心問題呢？簡單點說，就是哪種通貨能取代美元，成為世界性的貨幣？大家都瞭解，美元雖是美國的貨幣，卻是全世界的頭痛。席捲全球的金融風暴，就因美國內部金融控制失靈，才傷害到其他國家，無一倖免。

中國已是全球第三大經濟體，更是美國最大的債權國，外匯存底超過兩兆美元。但人民幣能取代美元，成為國際交換與貿易的媒介嗎？坦白說，還不夠氣候。日圓雖然仍在升值，作為世界第二大經濟體的日本，也不夠資格。

有經濟學家主張用國際貨幣基金的「特別提款權」（Special Drawing Rights，簡稱SDR）代替美元。IMF是籌募這次一點一兆緊急經費的主角，正在向各國伸手借錢，無從兼顧。G20會議公報雖然提到充實全球性金融機構並把「金融穩定論壇」升格成金融穩定委員會，八字還沒有一撇，也沒到成熟時刻。世界上最該破產的美國，今日仍是世界金融與經濟中心，倫敦、東京或北京暫時都不能取而代之。

這也是歐巴馬夫婦初試啼聲，在倫敦搶盡媒體鏡頭的原因。蜜雪兒雖然把手勾在伊麗莎白女王肩膀上，有違禮儀，依然風頭十足。她陪丈夫首次出席國際會議，九天行程裡，除倫敦外，還要訪問巴黎、柏林和布拉格，都有象徵性的意義。

今年是北大西洋公約組織六十週年紀念，法國在戴高樂時期原將三軍退出北約指揮，不聽布魯塞爾(Brussels)北約總部的命令。現在薩科齊總統決定軍方重歸北約節制，值得大肆慶祝。四月四日，歐巴馬在歐盟議會所在地史特拉司堡(Strasbourg)，為各國大學生開美式的「鎮民大會」(Town Meeting)，CNN也全程轉播。

G20峰會發表的公報，共分六大段，條分縷析。前言之後，第一大段講的是如何「恢復經濟成長與就業機會」；第二大段則著重「加強金融管理與制度」，特別提到嚴格管理避險基金(Hedge Funds)；第三大段討論如何「充實全球性金融機構」；第四大段的重點是「抗拒保護主義，推廣全球貿易與投資」。

公報第五大段強調「確保全球共享公正的持續復甦」。最後亦即第六大段是「兌現承諾」，保證必定會說到做到。全文中值得注意的，是言必稱「全球」，顯示在「世界村」裡，沒有一國可以獨善其身。

世界金融海嘯裡，中國一枝獨秀。別國都在衰退，唯有大陸雖難做到「保八」，經濟成長率應可維持在百分之六以上。胡錦濤主席在倫敦G20峰會裡，無疑是媒體注意的中心。台北報紙有張照片，胡在中央，背後則是義大利總理貝魯斯柯尼嘻笑地摟住歐巴馬和英國布朗首相的頸脖，襯托出胡錦濤的莊重自持，也象徵中國在國際間與日俱增的地位。

作為G20峰會的東道主，英國自然希望峰會決議對布朗首相被國內輿論釘得滿頭包的困境有所幫助。英國大眾享受太多福利，因而經濟衰退遠甚於他國。英政府預算赤字，二〇〇七年僅二・八%，去年跳到四・六%，今年會有八・八%，明年將到九・六%；報紙自稱英國已是「歐洲病夫」(Sick Man of Europe)，而花了大量經費辦這場大拜拜，對英國經濟有何幫助，還要等時間證明。

七十六、僑委會功能　有不可替代性

（原刊九十八年四月三日《聯合報》民意論壇）

去年十月底，我曾主張把經濟部國際貿易局、僑委會與新聞局有關對外宣傳各處，都併入外交部，改稱「對外關係與貿易部」。五個月來，許多僑界老友或打電話，或寫信來，指責我全未考慮到僑社向背。

三月三十一日，前駐美代表陳錫蕃發起，二十幾位退休使節聯名上書馬總統，反對將僑委會併入外交部。我也簽了名，想說明我為何「覺今是而昨非」。我認為最重要的一點，就是海外華僑社會本質中，牽涉到兩岸關係。

美、英、日、澳、加拿大、沙烏地等國的「華埠」是怎麼來的？就是因為華人有自己的生活習慣、保守性格與早年移民不通外語等因素造成。當地政府雖已承認大陸，僑民不論老幼，多數仍持中華民國護照，也因為如出國旅行，要辦簽證時，比大陸護照方便。他們與我駐各地辦事處往來密切，遇有慶典，雖不得不邀請大陸使節，同時也必邀我方辦事處長和屬員，分坐兩席。

個人駐外三十五年的經驗，保護僑民雖是外交官職責之一，但今日因多數國家與我均無外交關係，駐外辦事處人員的行動，受到許多限制。但僑務官員卻可自由旅行，從未遭受阻難。

僑委會該做的事，不計其數。從僑校中文課本採用正體字和注音符號，到透過僑生返國升學，鞏固僑社向心力，為台灣在兩岸和平發展關係上，增添一分力量，具有其無可替代性。希望劉院長能重新考慮，慎重處理這件事。

七十七、一九二一年 外蒙古的人民革命

（原刊九十八年四月出版之《歷史月刊》第二五五期）

去年秋天，我們夫婦因緣際會，得往國人通稱外蒙古，九〇年代初期正式國名為「蒙古人民共和國」(Mongolian People's Republic) 旅遊一週。從首都烏蘭巴托（Ulaanbaatar，舊名庫倫 Ikh Khuree），直到與西伯利亞接壤，兩邊都有的恰克圖 (Kiagt) 市，都有我們的足跡。

此行給我印象最深的是外蒙如何在一九二一年，亦即北洋政府時代，取得前蘇聯援助與支持，宣布獨立的經過。國內各級學校的歷史課本對當時真相都沒有記載；希望本文能補充這段史實。文中所有蒙文譯成漢文及羅馬字拼音，均依外蒙官方審定拼法，一併聲明。

仍為大陸一部的內蒙自治區，與外蒙截然不同；內蒙的漢族人數早已超過蒙族四倍有餘。外蒙的國籍法則與中國同樣嚴格，只要不是蒙古族，都算外國人。外蒙人口總數，據美國中央情報局二〇〇九年估計，達二百九十九萬六千零八十一人。受都市化的影響，幾乎一半人住在烏蘭巴托市，以致汙染情形嚴重。另一社會問題是酗酒，私酒廠林立，政府束手無策。

中蒙兩國雖有鐵路連接，消費品都來自中國，蒙古人仍對俄國人比較友善，對華人則態度正好相反。本文亦以此為出發點，忠實地從外蒙立場，敘述一九二一年「人民革命」的前因後果。其間歷史錯綜複雜，

又須追溯到清朝對蒙政策。

滿清入主中原，對剽悍善戰的蒙族存有戒心。康熙帝與乾隆帝每年到熱河狩獵，必定邀蒙古王公同往，以示格外禮遇。另一方面，則利用宗教力量軟化蒙人。藏傳佛教雖早在十三世紀就已傳入蒙古，直到清代才冊封第一位蒙古籍的哲布尊丹巴呼圖克圖（Zavzundamba Khutagt，指蒙古地區對藏傳佛教中活佛的稱呼）為活佛，滿足蒙人自主思想。

辛亥革命後，蒙古乘機宣布獨立。二〇〇七年十月用中文出版蒙古國立大學的劉正文、該校外國語學院院長那仁和中國大使館文化專員周晶三人合編的《閱讀蒙古》教科書，第一章〈蒙古國簡史〉說：「一九一五年六月，俄、中、蒙三方曾簽訂《恰克圖條約》，俄國承認外蒙古是中國的領土，中國承認外蒙古自治，外蒙則承認中國的宗主權。」

這番說詞很容易造成誤解。因為我們所知的《恰克圖條約》，是清雍正六年（一七二九）五月十八日與帝俄換文，劃定兩國邊界，並明定俄國商人、學生和東正教教士來北京的人數等細節。該約允許俄國商人在雙方交界處進行零星貿易，成為後來恰克圖有「買賣城」的依據。

書中所指實際是《恰克圖協定》。黑龍江教育出版社一九九九年出版有呂一燃所編的《北洋政府時期蒙古地區歷史資料》，編者引述中華民國外交部早年所編《外交部交涉節要》，證明一九一四至一九一五年間，確有中、俄、蒙的三方會議，訂立了《中俄蒙協定》，而不稱條約。除〈蒙古國簡史〉所述協議條件外，並明定中國政府得在庫倫設都護使，在烏里雅蘇台、科布多和恰克圖各地則設置都護副使。

當時中國所派的談判代表，先有華桂芳、陳策，後有陳籙。談判結束後，即由陳籙出任都護使，又稱駐庫倫辦事大員。辛亥革命後，華桂芳在北洋政府外交部專為與俄國辦交涉的「俄事委員會」做過副會長；

著有《外蒙交涉始末記》，詳述當年經過。

二〇〇七至二〇〇八年，三民書局出版了前中國文化大學俄文系主任兼研究所所長明驥教授所著《中俄關係史》，我曾為之作序。明教授為寫此書，在蘇聯解體的一九九〇年到葉爾欽 (Boris Yeltsin) 下台的一九九九年間，去莫斯科十一次，聖彼得堡與基輔七次，追查原始資料。

該書下冊第三六八至三九四頁，大部根據俄文第一手資料，詳述帝俄如何處心積慮經營蒙古關係：先對王公貴族示惠，取得開採金礦權利；隨而在庫倫設立華俄道勝銀行代辦處，使俄國的盧布紙幣在蒙古自由流通，培植親俄勢力無所不用其極。

讀者在下冊第三七五頁，可找到一九一二年所訂、共僅四條的《俄蒙協約》(又稱《庫倫條約》)，以及同時簽署、內文十七條的《俄蒙商務專約》(《友誼通商條約》)。第三八六～三八九頁則有一九一五年《中俄蒙協約》全文二十二條。由後者關鍵性的文字，可以看出中國只爭到虛有其名的宗主權；外蒙在民國成立時，實際已被帝俄控制。

民初的北洋政府被人詬病之處甚多，但並未放棄外蒙主權。第一次世界大戰中期，俄國共產黨革命，推翻了羅曼諾夫 (Romanov) 王朝。歐戰結束後，一九一九年十一月，北京政府派西北邊防軍總司令徐樹錚率軍進入庫倫，同月二十二日以徐世昌大總統的名義公告：撤銷外蒙自治，使面積一百五十六萬六千五百平方公里的外蒙重歸中國版圖，但一年多後又起變化。

俄國「十月革命」雖然成功了，一支仍想恢復帝制的白俄殘餘部隊，由波羅的海具有德裔猶太人血統的恩琴男爵 (Baron Roman Nikolai Maximilian Ungern von Sternberg) 率領八百名哥薩克 (Cossacks) 騎兵，號稱「亞洲騎兵師」，利用蒙古人對北京中國政府的不滿情緒，趕走了徐樹錚所部，一九二一年二月三日占領庫倫。

這位白俄貴族深深被成吉思汗的故事吸引，以恢復蒙族舊日光榮為己任。一九二一年二月十五日，他把被尊為活佛的哲布尊丹巴捧上了大汗寶座，尊稱博格達汗 (Bogd Khan)，但還不敢明目張膽地獨立，只宣布外蒙即日起「恢復自治」。

就在那年的三月一日，真正的蒙古革命分子在西伯利亞那邊的恰克圖城密會，成立「人民軍司令部」，推舉蘇赫巴托 (Damdin Sükhbaatar) 為司令，有些人尊稱他為外蒙國父，但蒙古官文書中並無此銜。今日外蒙小額紙幣上印的就是蘇赫巴托的頭像，大額鈔票才是成吉思汗的像。至於恩琴男爵，則在「俄蒙聯軍」進入庫倫後被捕，同年九月審判後被槍決，屍體埋在哪裡，至今沒人知道。

恰克圖離庫倫三百公里，所謂的「人民軍」，既缺乏槍械，又沒有糧餉，更無軍事訓練，只有向俄國乞援。烏蘭巴托的國家博物館有間大廳，專門紀念這段故事，蘇赫巴托把機密的請求援助文件縫在衣襟裡，以免路上被白俄殘部搜出來，成為蒙古學齡兒童熟知的故事。

根據蒙古駐美大使館網站上的簡明蒙古共和國歷史，蘇赫巴托出發前，曾獲博格達汗的同意，並在那份求援的密函上蓋用御璽，作為證明。蘇赫巴托往北走，渡過貝加爾湖 (Lake Baikal)，間關千里，在西伯利亞半途搭上中東鐵路，到了聖彼得堡。

帝俄對外蒙覬覦已久。聖彼得堡本和日本有密約，聽任日本逐步蠶食東三省，外蒙則劃入俄國的勢力範圍。蘇赫巴托向俄國求援時，沙皇已被推翻。列寧的布爾什維克黨執政，雖然內部仍不安穩，仍承續帝俄野心，對遠東玩弄兩面（其實是三面）手法，除仍與北洋政府維持外交關係外，一面派鮑羅廷 (Mikhail Markovich Borodin) 到廣州，與孫中山先生談聯俄容共，另一面則接受外蒙革命分子請求，提供大量軍援，並派遣軍事顧問，協助參謀作戰。

一九二一年三月十三日，「革命分子」在恰克圖開會。《閱讀蒙古》書中，把它解釋為：包括「人民黨、蒙古游擊隊和平民代表」所組成。蘇聯在幕後推動下，這批人通過成立「臨時人民政府」，國號「蒙古人民共和國」，他們組織的黨就叫人民革命黨（Mongolian People's Revolutionary Party，簡稱MPRP）。並將通過的七月十一日定為國慶日。

其時蘇赫巴托的革命軍仍在外蒙北部，無法打敗駐在庫倫的中國軍隊。直到六月二十八日，在列寧命令下，西伯利亞的蘇聯紅軍越界進入蒙古境內，所向無敵。七月八日，與蒙古人民軍聯合收回庫倫，隨後又幫助人民軍陸續攻克蒙南各地，徐樹錚所部節節抵抗，究竟難敵紅軍，最後才撤回內地。

徐樹錚雖退回內蒙，還有不少漢人在外蒙做生意。在西伯利亞邊境的恰克圖市，有上萬中國人聚居，經營進出口貿易，叫做「買賣城」。在蘇聯紅軍縱容下，一九二一年三月十八日，勝利的蒙古人民軍把這些漢人集合在一處，用機槍掃射，無一倖免，血流成河。我們在外蒙時的導遊也並不諱言此事。

本文並無算舊帳之意，一九二一年距今已歷八十八年，不必再計較恩怨。但史實不容湮沒，這是我寫此篇的唯一目的。

七十八、從蘇聯附庸　走入國際社會

（原刊九十八年四月出版之《歷史月刊》第二五五期）

蒙古國從成立到現在，走過道路的曲折，外人難以想像。要瞭解這個國家，不能不知道它將近九十年來，如何從蘇聯最順從的附庸國，變成真正獨立自主的國際社會一員。

一九二四年五月二十日，哲布尊丹巴去世。蘇赫巴托得以從庫倫控制蒙古全境。由各地選出議員，組成「大呼拉爾」(Ikh Khural，意為國會)。同年十一月八日，國會集議，通過第一部《蒙古人民共和國憲法》，明定外蒙遵行社會主義，實際則成為前蘇聯的附庸國，效法史達林的鐵腕統治，成為道地的警察國家。

一九二五到一九三八年，是新政府逐步穩定內部的時期。蘇赫巴托強制推行集體放牧，褫奪王公貴族的特權，徹底禁止私營企業。其結果是到處烽煙，又須賴紅軍協助救平。與此同時，日本侵略中國的野心日益明顯，先有東北變色，偽滿建國；等到盧溝橋點燃中日戰火，蘇聯守住外蒙，一面支持國民政府的對日抗戰，一面靜觀變化。

蒙古人民共和國初期有兩位雄才大略的領袖，奠定國家基礎：喬巴山 (Khorloogiin Choibalsan) 和澤登巴爾 (Yumjaagiin Tsedenbal)。

喬巴山元帥是蒙古人民革命黨創始人之一。一九二一年獨立後，先任國防部副部長。一九二九年起任大呼拉爾主席十年，後任總理，直至一九五二年去世。他年輕時還當過喇嘛，革命成功後為破除迷信，徹底消滅了外蒙的藏傳佛教。英文版《維基百科全書》記載，被他處死的喇嘛、王公貴族與平民達三萬至三萬五千人，手段之殘忍不愧為史達林的忠實信徒。

中日戰爭銜接第二次世界大戰。蘇聯初期按兵不動，還與希特勒簽訂互不侵犯條約，坐看德、日與英、美廝殺。一九四五年二月，史達林在雅爾達會議上，騙取羅斯福和邱吉爾同意，逼使蔣公接受外蒙獨立，作為他參加同盟國的交換條件。三強當時的協議是「戰後蒙古當維持現狀」。問題在什麼才是現狀呢？

二〇〇八年六月上海復旦大學出版社出版、吳景平和郭岱君合編的《宋子文與他的時代》裡，第三章第九二頁描述一九四五年六月二十七日，宋以行政院長兼外交部長的身分，率領代表團赴莫斯科，與史達林、莫洛托夫舉行會談。行前向美國方面探聽雅爾達會議究竟有何祕密協議，並藉機強調中華民國對蘇關係的基本觀點與立場。

六月三十日到七月十二日間，宋子文和史達林共舉行六次會談；他採取拖延戰術，拒絕立即簽署中蘇條約。回重慶後，為避免揹負賣國罪名，宋堅持辭去外長兼職，由王世杰繼任。八月七日，宋偕王世杰返抵莫斯科，和史達林、莫洛托夫又會談六次。八月十四日，由王世杰外長與莫洛托夫簽署《中蘇友好同盟條約》。當年各次會談的英文紀錄，仍存宋家。

莫斯科消息閉塞，宋等只知道蘇聯確已履行雅爾達會議商定對日宣戰的承諾，卻不知道再過一天，日本就投降了。蘇聯的戰略的確高明，史達林知道日本和偽滿軍隊在西伯利亞邊界築有堅固防線，因而只在中東鐵路把運兵火車開來開去，虛張聲勢；暗地裡卻在一九四五年夏天，把作戰部隊祕密調到外蒙，總數超過一百萬人，重砲、坦克與裝甲車不計其數。

八月九日，蘇軍主力出其不意地由外蒙向西攻入滿洲國，果然如摧枯拉朽。日滿聯軍措手不及，又有廣島與長崎兩顆原子彈，六天後天皇下令投降，史達林獲得歷史上最廉價的勝利。那段時期，蒙古也不遺餘力配合蘇聯戰略。

當時執政的澤登巴爾，曾留學西伯利亞財貿學院，俄語流利。回蒙古後做過財政部次長，後升部長。一九四〇年當選人民革命黨總書記。喬巴山去世後，順理成章繼任總理。一九七四年後，索性以大呼拉爾主席團主席兼國家元首，直至一九八四年退休，掌政共三十二年。

受過高等教育的澤登巴爾，究竟與草莽出身者不同。在外交上，他雖然和蘇聯亦步亦趨，卻拒絕了小部分人主張蒙古應加盟成為「蘇維埃社會主義共和國聯邦」一分子的呼聲，不肯落入蘇聯管轄下的車臣或韃靼共和國同樣的命運。基本上，澤登巴爾是個愛國者，他雖然忠實遵行史達林的指示，另一面也反映了蒙古對外漸進式開放的意願。

蒙古內部也有權力鬥爭，澤登巴爾任總理後，效法史達林逐一清除政敵，把他們打成「反黨集團」，毫不手軟。在對外關係上，他謹慎小心地步步為營，先與北韓及東歐共產集團國家建交。中共與蘇聯為赫魯雪夫的「修正路線」怒目相向時，他自然站在蘇聯那一邊。但一九八四年他被迫退休，幕後有蘇聯操縱的影子，原因是他還不夠聽話。、

大陸變色後，蒙古一九四九年與中華人民共和國建交。但美國國務院網站上的蒙古簡介透露：毛澤東那年就曾向米高揚(Anastas Ivanovich Mikoyan)提起蒙古歸屬的問題。一九五六年赫魯雪夫開始對史達林「鞭屍」，老毛又以蒙古是史達林錯誤政策的產物為理由，向米高揚再度提起這個問題。蘇聯的答覆是蒙古人有決定本身前途的權利，推得一乾二淨。

此後幾年，蒙古申請加入聯合國，都被我駐聯合國蔣廷黻大使攔住。六〇年代是非洲原為殖民地各國

紛紛獨立之時，最後蘇聯恫嚇說，如果再不讓蒙古入會，它會否決所有申請入會的非洲國家。審度情勢，我政府訓令蔣大使棄守，蒙古才得在一九六一年加入聯合國。

一九六五年，人民革命黨政治局通過決議，邀請蘇聯派軍常駐蒙古協助防衛，無疑視中國大陸為其假想敵。此期間蒙古政府致力於內部建設，發展礦業與輕工業，促使半數人口都市化；直到二十年後，蘇聯戈巴契夫 (Mikhail Gorbachev) 上台，高唱改革 (Perestroika)、開放 (Glasnost)，與西方國家和解，蒙古才得以擺脫北極熊鋼鐵般的擁抱。

一九八五到一九九一只有六年，蘇聯被美國的軍備競賽拖垮，社會主義制度整個崩潰，白俄羅斯、烏克蘭、喬治亞、阿美尼亞、亞塞拜然等紛紛獨立，剩餘領土改為俄羅斯聯邦。原在蒙古駐軍分批撤離，經援也逐年遞減。與此同時，蒙古內部也開始鬆動，一九九〇年三月，人民革命黨政治局集體辭職。五月，修改憲法：刪除人民黨領導國家的陳腔濫調，開放黨禁，恢復宗教自由，設置總統一職，把難得開會的大呼拉爾改成常設國會，議員七十六人。

一九九〇年七月二十九日，蒙古舉行首次多黨競逐的民主選舉，人民革命黨贏得八五％選票，繼續執政，但已無獨裁氣息。一九九二年二月十二日再度修改憲法，總統由人民直選，四年一任，以兩任為限。總統提名總理人選，經國會同意後任命，對國會負責。全國二十一個省的省長，同樣須經省呼拉爾通過，與世界各國已經沒什麼差異。

大呼拉爾二〇〇四年改選，人民黨失去多數，與祖國民主聯盟、蒙古民主黨和祖國黨聯合執政。蒙古現有十八個大小政黨，競爭劇烈。一九九七年，國名去掉「人民共和」字樣，改稱「蒙古國」。現任總統恩克巴利亞 (Nambaryn Enkhbayar) 在二〇〇五年五月當選，總理白亞爾 (Sanjaagiin Bayar)，則在二〇〇七年十二月才就任。

二〇〇八年六月二十九日，蒙古國會改選，人民革命黨已改稱「人民黨」，在國會仍有四十六席，其次是民主黨二十七席，剩下三席由小黨瓜分。八月，新國會宣誓就職，通過白亞爾續任總理。

改革開放後的蒙古，因資源豐富，煤、銅、金、銀、鐵、鎳、錫、鋅乃至磷酸鹽、長石 (Feldspar)，都有大量蘊藏。政府努力下，經濟成長迅速。美國國務院估計：二〇〇七年成長率竟達九．九%。個人平均所得約二千四百美元，若以購買力平價計算，達三千三百美元。比大陸內地高出很多，但不如中國沿海地區。

蒙古的國民總生產額 (GDP)，二〇〇七年以購買力平價計算，有五十八億美元。外貿總額達四十一億美元。各國提供蒙古的經濟援助，二〇〇七年一億七千五百餘萬美元，歷年總數已超過三十四億美元。

蒙古政府傾全力以赴的，是在國際社會中發揮本身實力。上海合作組織 (SCO) 去夏高峰會時，當時蒙古的女外交部長歐芸 (Sanjaasuren Oyun) 積極參與，顯示蒙古亟欲走出過去的小圈子，在廣大全球舞台上扮演應有的角色。

外蒙和我國已互設代表辦事處。蒙古在台北所設稱「駐台北烏蘭巴托貿易經濟代表處」；我國在蒙古則設有「駐烏蘭巴托台北貿易經濟代表處」。外貿協會在烏蘭巴托也設有辦事處，與代表處同在僑商擁有的一座大樓內。

蒙古與我雖僅有實質外交關係，對中華民國頗為友好。獲得我國政府獎學金，在台攻讀各種科系的蒙古留學生有一百多人。據說已有一家台商拿下長石採礦權，準備投資。以蒙古礦產之豐富，兩國經濟合作的前途不可限量。

本文能寫成，前駐蒙古劉代表志攻和蒙藏委員會蒙事處海處長中雄協助甚多，並此誌謝。

七十九、讀歐巴馬 英文與修辭兼備

（原刊九十八年三月《聯合報》旗下「寶瓶文化事業有限公司」出版之《敢於大膽希望——歐巴馬最關鍵的七篇演說》卷首）

寶瓶文化事業有限公司收集了美國首位黑人總統從宣布競選到當選就職日最具關鍵性的七篇演說，用中英對照方式編印成書，以《敢於大膽希望——歐巴馬最關鍵的七篇演說》為書名，即將問世。

這本書是《聯合報》一群好友策劃的。他們要我在每篇演說前，寫一千字左右的導讀，幫助中學以上程度、從十七歲到七十歲的人，瞭解那篇演說的精髓所在。我遵辦之餘，還加了一篇前言。但參與本書出版，與本文無關，因為我在全書成形後，重讀一過，深感這本書對許多不同目標的人，都有不同的益處。

首先，美國雖受金融海嘯衝擊，受創甚深，仍是世界獨一無二的強國。歐巴馬的一舉一動、一言一行，仍會使世界各國感受不同程度的影響。要瞭解美國這個國家和歐巴馬這個人，本書可能是最好的透視鏡。從他這些關鍵演說中，可以感受到他認同貧苦大眾的思想路線，與徹底改造美國社會的雄心壯志。

其次，鼓勵國人學習已成國際語言的英文，早就是政府既定政策。報載主管機關甚至有意將進修英文，列入公務員考績之一項。歐巴馬幼年在印尼度過，因為天資聰穎，讀書用功，才能在哥倫比亞大學畢業後，進入哈佛法學院，以未畢業的學生擔任《哈佛法學評論》社長兼總編輯，過去不但有色人種做不到，家世再好的白人也極少見。他這本演說集可說是學英文最有效的課本。

再其次，前些天（三月九日）《聯合報》「民意論壇」版討論修辭學，兩位教師的尖鋒對話，一位認為修辭學早已死亡了，另一位則說，學修辭本非難事。我比較同意後者，他所謂重疊、句型，訓練學生對語句和語感的能力，就是修辭學最基本的道理。歐巴馬這七篇演說，恰好是修辭學最佳的典範。台灣中學生的作文能力常受批判，學測考時，作文交白卷的經常有幾千之眾。如能熟讀這本演說集，肯定會有助力。

最後，我建議買了這本歐巴馬演說集的高中、技職乃至大專學生，每天早晨抽出二十分鐘時間，朗讀書中任何一篇演說。第二天照樣高聲朗讀同一篇文章；只要連續一星期，肯定會悟出許多英文文法與修辭的結構和價值。如能把七篇都背得滾瓜爛熟，保證一輩子會享用不盡，只看有沒有耐心而已。

這七篇演說的中譯文，是《聯合報》編譯組同仁集體合作的結晶。我讀過一遍，覺得他們確實做到了嚴復要求的信、達、雅三字。每篇後的文句及單字解析，有李文肇、李振清、賴慈芸等資深教師執筆，又經彭鏡禧先生審定。這也是我不避嫌疑，敢於推薦本書最大的原因。

八十、從陸客心理看ECFA對立 別搬磚砸台灣腳

（原刊九十八年三月二十三日《聯合報》民意論壇）

民進黨常為反對而反對，結果搬磚頭砸了自己的腳。自從張銘清被打事件發生到現在，許多大陸客來台，只遊北半部，南部絕少能有賺到人民幣的機會。任憑高雄市長陳菊和台南縣長蘇煥智望穿秋水，但陸客僅為安全考慮，不敢去南部消費。

這種心理的最佳證明，就是安利直銷商一萬餘人，分批搭乘郵輪來台，第一天靠基隆，第二天停花蓮，第三天遊台中。南部其實有更美的風景，他們也都會唱「阿里山的姑娘，美如水呀」，卻不敢去嘉義。這不是陳明文縣長的過錯，大陸遊客百分之百不知道他籍隸什麼黨，他們對台灣政治也不瞭解，只是不想被人吐口水或噓聲而已。

如今政府要和大陸商談《兩岸經濟合作架構協議》（*Economic Cooperation Framework Agreement*，簡稱ECFA），同樣遭遇民進黨的盲目反對。早在一個多月前，政府還研擬推動兩岸訂簽CECA（*Comprehensive Economic Coopcration Agreement*，《綜合性經濟合作協議》）時，台塑總裁王文淵就向《經濟日報》記者說：CECA和CEPA（*Closer Economic Parthership Arrangement*，《更緊密經貿關係安排》）完全不一樣。後者是大陸和香港之間「更緊密的經貿安排」。王指出：兩個簡稱共八個英文字母，有七個字母不一樣，兩者

完全不同。現在CECA改為ECFA，區別更明顯了。

民進黨拚命反對這個尚未與大陸展開的談判，如果得逞，會害死台灣石化產品的出口。王文淵是在商言商，純粹為台塑與台灣石化工業的生死存亡在向全民呼籲。

蔡英文主席應該瞭解問題的嚴重性，卻也跟著瞎起鬨，令人詫異。未來東協石化產品輸往大陸，將享零關稅的優惠，而台灣產品卻要繳百分之六點五的進口稅。怎能和人競爭？

劉兆玄院長曾向人民保證，ECFA有「三不」：不會矮化台灣主權、不再開放大陸農產品來台、不會開放大陸勞工來台；還有「三要」：要解決關稅問題、要跟東協或他國建立經貿關係、要在WTO精神架構下擱置爭議。只是民進黨噪音吵翻天，沒有幾個人記得行政院長的擔保。

簡單一句話：台灣還要不要經濟復甦？還想不想和東協各國在大陸市場裡公平地競爭？大家應支持政府與大陸商談簽訂《兩岸經濟合作架構協議》，才能確保我國經濟繼續成長，恢復繁榮。

八十一、細說G20預備會

（原刊九十八年三月二十三日《中國時報》時論廣場）

台灣媒體把G20譯成二十國，不甚精確。它只有十九個已開發和開發中的國家：阿根廷、澳洲、巴西、加拿大、中國、法國、德國、印度、印尼、義大利、日本、墨西哥、俄國、沙烏地、南非、南韓、土耳其、英國和美國。第二十個成員是歐盟，稱之為「二十個經濟體」較適當。此外列席的觀察員有：世界銀行、國際貨幣基金、歐洲中央銀行與貨幣基金的發展委員會主席。

這二十個經濟體的人口總數，占全球三分之二。其國民生產毛額占全球總生產毛額的百分之八十五。它們的總貿易額，包括歐盟二十七國彼此雙邊貿易在內，占全球的百分之八十。影響力之大，不言可喻。

所謂「G20高峰會」也常造成混淆。它的前身，是一九九九年十二月在柏林召開的七大工業國峰會決議成立的二十二個經濟體，每年由各國財政部長與中央銀行總裁在一起開會。這些人既是財經最高官員，他們聚在一處開會，就成為財經首長的高峰會。另有三人代表歐盟參加，即歐盟輪值主席、執行長與歐洲中央銀行行長。

直到二〇〇八年，在金融海嘯衝擊下，經美國總統布希提議，G20的十九國元首與歐盟執行長才在去年十二月舉行歷史上首次名符其實的高峰會。而經濟風暴持續至今，十天以後，即四月二日，由英國首相布朗邀請，各國元首將群集倫敦，只是第二次名實相符的G20高峰會議。

避免把讀者搞糊塗，本文把三月十四日在英國Horsham舉行，只由財政部長和央行行長出席的那次，正名為「預備會議」。四月二日將在倫敦開幕的，才叫做G20高峰會。

歐洲地小人稠，任何地方乘飛機往返不過一、兩小時，國際會議多如牛毛。三月十九與二十日，歐盟二十七國的元首或內閣總理，剛在比利時首都開過例行的春季高峰會。中東歐國家在會中大吐苦水，希望西歐有錢的親戚們能伸出援手，至少容許到期的歐元貸款延期並停止付息。但因德國鐵娘子梅克爾夫人態度強硬，不肯由歐洲銀行撥款救濟瀕臨倒閉的各國金融機構，故未達成任何協議。但談判也未完全破裂，還拖著一條繼續商談的尾巴。

剛在英國開過的預備會議，三月十四日結束後，發表了一份公報。地主國英國的財政大臣達林(Alistair Darling)對記者宣稱，與會各經濟體「走出了一大步」，他說出席各方已同意採取前所未有的行動，合作對抗危機。但側面漏出來的消息，似乎沒那麼樂觀。

倫敦《每日電訊報》(*Daily Telegraph*)透露說，英國首相布朗在歐盟春季例會中，和梅克爾夫人意見不合，屢起衝突。所以預備會議收穫不大。各經濟體財政部長帶回本國的訊息是，預備會原本準備了洋洋灑灑數千字的公報，布朗認為過於粉飾太平，透過財相達林，堅持縮短到僅剩一頁。

為免使公眾失望，那份公報仍須保持樂觀態度。第一大段「恢復全球成長」(Restoring Global Growth)因而自稱與會各國「已採取擴充需求與就業的行動」，並且誓言「反對任何形式的保護主義，確保公開貿易與投資」。當前急務是使金融體系正常運作，各國央行已大減利率，並盡量擴張信用，以求穩定物價。最後也沒忘記落後國家，特別點出亞洲開發銀行的貢獻。

第二大段「加強金融制度」(Strengthening the Financial System) 內容較為具體，大部分是各國已經採取的搶救動作，包括加強金融管制，建立預警制度，要求避險基金經理人必須登記，並透露所冒風險，擴充「金融安定論壇」(Financial Stability Forum) 的機能，最後也訂下完成各項改進工作的期限。

布朗首相上週透露了一條短訊，比預備會議公報還更有新聞價值。他說：香港、新加坡、安道拉、列支敦斯登和瑞士，都已同意接受防阻逃稅的國際標準。換句話說，今後這些地方不能再充當英、德、法、義等國逃避所得稅者的天堂了。歐洲的有錢大爺們，要另找能幫助他們隱瞞真實收入，而又靠得住的地方，恐怕不太容易。

八十二、從歐美先例談獨立機構

（原刊九十八年三月二十日《中國時報》時論廣場）

先要鄭重聲明：本文無意檢討陳聰明檢察總長曾否有意縱放黃芳彥，那是電視名嘴們的事。我只想舉其他國家的實例，看我國怎麼會有個誰也管他不到的檢察首長。

「橘逾淮而為枳」，先進民主國家許多良好的制度，我們依樣畫葫蘆後，卻往往變了質走了樣。把檢察總長視為「獨立機構」，與我的瞭解有很大落差。因為國外所謂獨立機構，意謂這些單位的主要職責在依法行事，並非沒人可以管它。我國真正的獨立機構，只有中央選舉委員會，因須公正辦理選舉，不應受行政院的管轄，情形完全不同，不可相提並論。

在美國，這類單位又稱「依法管理機構」(Regulatory Agencies)，有二十幾個之多。從中央情報局(CIA)、環保總署(Environment Protection Agency)、郵政總局(U.S. Postal Service)、航太總署(National Aeronautics and Space Administration)、證券交易委員會(Securities and Exchanges Commission)到社會安全局(Social Security Administration)，都屬於此類。君如不信，上網在U.S. Government下，鍵入Independent Agency二字，就出來一長串的獨立機構全名。

上列機構的首長都由美國總統提名，經國會同意後任命。原則上他們無須列席每週的內閣會議，但總統可指定參加，中情局局長即其一例。不論是否列席閣議，他們都是行政單位，須聽美國總統與內閣的指示，綜理主管事項；這些機構如果獨立行事，準定會天下大亂。

造成這個烏龍的，是民國九十五年二月三日公布施行的《法院組織法》修正條文，第六十六條第七款，把檢察總長弄成個天不管地不管的職位，在法定四年任期內，休說最高行政當局，連行使同意權的立法院也拿他無可奈何，完全曲解了「獨立機構」一詞的含意，也與世界各國的先例不合。

獨立機構既是行政單位，理當受行政部門的考核管轄。任期長短是另一回事，檢察總長應該受行政院長和法務部長的指揮，也是天經地義。只因三年前修法時，大家都沒注意，今天任憑邱毅委員和名嘴們在電視節目上吵翻天，所有人都面面相覷，束手無策。讓我們看先進民主國家的制度有何不同。

不論歐美，各國的司法部長均稱為 Attorney General，意謂此人是代表行政部門的最高法務主管，也就是檢察總長的意思。不論司法部長也好，檢察總長也好，都必須遵照行政首長的指示，執行職務。美國司法部長的職權更受限制，因為五十個州有它自己民選的檢察長。華府的司法部只能管到違反聯邦法律的民刑案件而已。

美國歷史上有名的「週六夜大屠殺」(Saturday night massacre)，相信許多人記憶猶新。此事發生於一九七三年，尼克森 (Richard Milhous Nixon) 總統鬧出「水門事件」(The Watergate Scandal)，轟動全美。司法部派任的特別檢察官考克斯 (Archibald Cox) 不顧總統威嚴，竟然敢在老虎頭上動土。那年十月二十日，尼克森先命令司法部長李察遜 (Elliott Richardson) 撤銷考克斯的任命，李察遜不從，尼克森立即把李撤職。再下令給副部長羅克豪斯 (William Ruckelshaus)，後者也拒絕受命。尼克森一晚連撤三人職務，反證出檢察總長確實附屬於行政部門，並非獨立於行政權之外，無可置疑。

由此可見，檢察總長（亦即法務部長）必須遵從行政首長的指示。在這點上，歐洲與美國的觀念是一致的。二〇〇八年七月初，歐盟在俄國聖彼得堡召開過一次「歐盟各國檢察總長會議」，專門討論在不成文法（Common Law）下，各國檢察總長在非刑事案件中，如何保護人權及公眾利益的做法，冗長的決議文中也重申檢察總長是行政部門一個單位的原則。

怎樣才能補正《法院組織法》的誤差，和國人不正確的觀念呢？沒有捷徑可走，唯有一步步從修改法律、設立檢察總長的退場機制開始。那樣做很可能會是「七年之病，求三年之艾」，緩不濟急。

除此之外，就只有檢察總長自動引退之一法，恐怕要等太陽從西方升起，才有可能。

八十三、三個都會區 絕不可行

（本文作者：前監察院長王作榮、前行政院長郝伯村、前外交官陸以正，原刊九十八年三月二十日《中國時報》時論廣場）

去年競選時，馬英九提出所謂「三都十五縣」的政見，「三都」指北、中、南三個都會區，十五縣則是把新竹縣市、嘉義縣市和台南縣市都合併後，再加其他縣市共有十五個。據說行政院長劉兆玄為執行總統的競選政見，已在規劃先把台灣劃成北、中、南三個都會區，各有六、七百萬人口。驟聞之下，似乎是個好主意，既可保證南北平衡發展，又顯示與大陸省、市、縣三級體制完全不同。但不僅我們三人，許多老友都期期以為不可。

先從凍省講起。這是當年宋楚瑜和李前總統從情同父子，鬧到反目成仇後遺症。雖在李登輝任內開始推動，裁撤了省政府，不再是公法人；省議會也變成省諮議會，將省「虛級化」了。直到陳水扁掌握政權後，民國九十五年一月二十四日，才由時任行政院長的蘇貞昌正式宣布。今日台灣既無省主席，也無副主席，只剩一位祕書長鄭培富，台灣百分之九十九點九的人從未聽過他的名字，更不知道還有這個職位。

台灣交通便捷，要去任何地方，半天內都可抵達。西岸除南北兩條高速公路和高鐵外，還有十二條高速道路組成的交通網；東岸的鐵路和公路也足敷需要。廢省之後，全國雖只台北、高雄兩個院轄市，其餘各縣市也都由中央直接管轄。我國政制實際只剩中央與地方兩級，如臂使指，效率自然高於層樓疊屋的舊制度。但假使北、中、南成為三個都會區，就會問題叢生。

首先，不在這三個區域裡的縣市，從桃、竹、苗到雲林、嘉義，會造成一種失落感，自覺淪為「二等縣」，經費既比不上都會區，更留不住人才，到那時該怎麼辦？

其次，台灣選舉頻繁，政治人物疲於奔命，族群因而一再撕裂。明年底才選院轄市長，後年又要選其餘各縣市長，幾無寧日。如設置三個都會區，選舉這三位超級「都會區長官」時定然殺聲震天，烽火遍野。立法院應該修法：今年不選舉，以後每兩年才選一次，二〇一〇年只選縣市長，二〇一二年才選總統和立法委員，與民休息，讓大家多過幾天平靜的生活。

最後也是我們最重要的顧慮，是三個都會區方案不但無助於南北統合，反而可能深化分歧現象。前天晚報說，高雄縣長楊秋興和高雄市副市長李永得，在民進黨立院黨團召集人柯建銘陪同下，舉行記者會，大字橫標寫的是：「二〇一〇高雄與台中縣市同步合併」。他們的如意算盤，是「南部都會區」融合高雄縣市和台南縣市後，將成綠營不可動搖的票倉。

行政區域劃分有個基本原則，就是不可動搖國本。三個都會區成事實後，如果有一區在人口數、經濟資源或文化各方面發展迅速，很快達到二分之一，就變成半壁江山，尾大不掉。號令不能出都門一步，豈是國家之福？

總統府和行政院正在全力拚經濟，要走出金融海嘯的陰影。我們呼籲：現在不是兌現馬總統競選支票的時候，請馬總統與劉院長三思。

八十四、歐巴馬的對歐外交

（原刊九十八年三月十六日《中國時報》時論廣場）

歐巴馬就職到今天還未滿兩月；新官上任三把火，這位史無前例的黑人總統已經迫不及待地派遣了五位特使，分別前往各個敏感地區與友邦乃至敵對國家，全盤檢討並探索新路線的可能性。這樣做等於不信任前朝遺留的常駐使節，國務院老人雖不以為然卻不敢批評。

希拉蕊國務卿自然全力配合，不在話下。美國要對歐洲盟國加壓，要它們與華盛頓亦步亦趨，除同文同種的英國義不容辭，有求必應外，北約其餘各國自顧不暇，就沒那麼方便。更難打交道的是宿敵俄國，總統梅德維傑夫對內正嚴防總理普丁喧賓奪主，對外則自恃為核武大國，雖受金融海嘯與石油跌價的雙重衝擊，仍然不肯賣歐巴馬的帳，早就擺好架式，等候美國來和它談判，如何劃分雙方在歐洲的勢力範圍。

與歐洲息息相關的中東，更是癥結所在。西歐國家礙於美國情面，同意由北約派遣部隊在阿富汗協助清剿「蓋達」窩巢，因而陷入泥淖。伊拉克、伊朗、阿富汗、敘利亞、黎巴嫩乃至以色列與巴勒斯坦糾纏不清的仇恨，都讓歐巴馬頭痛，考驗他的外交政策。

與布希相比，歐巴馬沒有過去的負擔，願意試探一切可能解決中東問題的途徑。他一方面加派一萬七千官兵投入阿富汗戰場，另一方面卻在三月六日接受《紐約時報》專訪，坦承在阿富汗遭遇困難，因此美國不排除與「塔利班」(Taliban,又名神學士組織)談判的可能性。

也就是同一天,國務卿希拉蕊在日內瓦出席北約部長級會議時,送給俄國外長拉夫羅夫一枚電腦的「重新啟動」(Reset)徽章,充滿象徵意義。它等於在告訴俄國,歐巴馬總統有心在對俄關係上,丟棄過去的意識形態爭執,另起爐灶,一切從頭做起。國際媒體爭相報導這則花邊新聞,令世人耳目一新。但說來容易,做起來卻困難重重。

布希總統任內,美國一面力推「彈道飛彈防禦系統」(Ballistic Missile Defenseo System,簡稱BMD),要在俄國四周築起一面無形的偵測網,受到舊蘇聯附庸國家的全力支持。另一面,他意圖把喬治亞和烏克蘭納入北大西洋公約。這兩件事都侵犯到俄國的安全感,有道是臥榻之旁,豈容他人鼾睡,不管俄國總統是梅德維傑夫或是普丁,絕對無法容忍。

歐巴馬會在這兩件事上讓步嗎?他還只在考慮,美國右派人士已有強烈反應,稱之為「雅爾達會議」的歷史重演。先據傳上月歐巴馬曾有密函給梅德維傑夫,試探如果美國放棄在波蘭與捷克構建北約MND(混成師,即今日的多國聯軍部隊,Multi-National Division),俄國會承諾使伊朗停止製造核武計畫嗎?三月三日的《紐約時報》和《華府郵報》都有報導,但所引白宮、國務院和國防部的說法頗有出入。

為避免傳說紛紜,那天傍晚,歐巴馬藉接待英國首相布朗的機會,證實他確實寫過一封長信給俄國總統。嗣後國防部長蓋茲(Robert Gates)和副國務卿柏恩斯也都承認了。那封長達數頁的總統親筆信內容究竟如何,外間大費猜疑。

歐巴馬上任伊始,他要走一條與前任完全不同的道路,未可厚非。替他著想,如此重大的議題,與其交給國務卿希拉蕊去向拉夫羅夫試探,不如單刀直入,開門見山地直接問梅德維傑夫本人,對美國並無任何損失，只會令俄方相信他確有誠意。

美俄兩強之間的關係，錯綜複雜到極點。為限制並減少核子武器，曾簽訂兩次《減少核子武器條約》（*Strategic Arms Reduction Treaty*，簡稱START I與START II）。俄國為重啟START談判，曾准許美方非軍用物品假道中亞地區運往阿富汗。但美國想用暫緩推動BMD，交換俄國阻擋伊朗發展核子武器想法，似打碰到了磚牆，原因不明。

歐巴馬正因金融風暴坐困愁城，他挽救經濟危機的表現，四十九名經濟學家只給他打五十九分。如要突圍，只有另闢戰場一途。我敢大膽預言，歐巴馬下次出國訪問的首選目標不是中國，而是找個機會和梅德維傑夫面對面談話。地點並非關鍵，能在第三國最好，否則去莫斯科也不無可能。

八十五、歐盟與東協兩場峰會

（原刊九十八年三月九日《中國時報》時論廣場）

二月底三月初，歐盟和東協分別舉行高峰會，從兩會的表現看來，大家都受到金融海嘯的衝擊，只是程度有所不同而已。

從四十九年前的歐洲煤鐵共同體，發展到今日的歐盟，曾六度擴大組織。二〇〇四年有十國加入，前年又增加兩國，因而共有二十七國。但作為歐洲核心的西歐六國，對原為蘇聯附庸的東歐各國，有點像富貴人家對待窮親戚的模樣。至於仍在門外苦苦等候的東歐其餘小國，如阿爾巴尼亞、蒙特內哥羅、塞爾維亞或舊蘇維埃聯邦組成分子的亞塞拜然、白俄羅斯或喬治亞，西歐的態度就更加傲慢，讓它們慢慢地等吧。

現在輪值歐盟主席是捷克。鑑於經濟風暴席捲全歐，捷克總理托波拉涅克（Mirek Topolanek）決定三月一日在德國柏林召集臨時性的歐盟高峰會。他其實有內部的原因：法國總統薩科齊為搶救法國汽車工業，二月底呼籲業主把工廠從捷克遷回法國本土。若這樣各人自掃門前雪，歐盟豈不垮台？歐盟組織龐大，各種大小會議從三月一日直開到六日才結束。

歐洲受金融海嘯影響有多大？二月底的《時代雜誌》報導說：拉特維亞、匈牙利和波蘭幣值跌到谷底，因為它們從國外借得的款項都是以美金或歐元計算的。奧地利所欠外債達二千九百三十億美元，等於國內生產毛額的百分之八十。國際貨幣基金已對匈牙利和烏克蘭提供三百九十億美元緊急貸款。波羅的海三小國之一的拉特維亞，國內生產毛額元月比上個月暴跌百分之十點五，害得內閣全體總辭。財經評論專業的《富比世》(Forbes) 週刊的看法也同樣悲觀，稱中歐與東歐為「崛起市場的病人」(Sick Men of Emerging Markets)。

歐盟高峰會雖然在比京布魯塞爾召開，因為德國是歐洲最富有的國家，「鐵娘子」總理梅克爾夫人仍有左右討論的力量。她極力反對任何搶救個別國家困境的計畫；照她的意思，只有因銀行倒閉可能危及全國經濟的極端情形下，歐盟才能考慮伸出援手，所以這場高峰會對東歐窮國幾乎沒有幫助。倫敦《每日電訊報》說，峰會只證實了大家早已心知肚明的事實，即歐洲統一市場難以為繼，歐洲繁榮恐怕也會是春夢一場而已。

歐盟這次會議與東南亞國協峰會唯一共通之點，是反對保護主義復活。後者三月一日揭幕，直至六日方結束。日程排得滿滿地，決議一大堆；有《東協政治與安全發展藍圖》、《東協社會與文化發展藍圖》、《東協統合工作計畫第二次草案》、《達成千禧年發展計畫聯合聲明》、《東協區內糧食安全聲明》與《關於全球金融與經濟危機聲明》等六種文件，實際這些文件早由十國外交部長與經濟部長開會通過，十國領袖只到場簽字如儀而已。

注意東南亞局勢的人，會想起泰國三年前才鬧完「橘色革命」(The Orange Revolution)，趕走了前總理塔克辛 (Thaksin Shinawatra)。正因為內部仍欠穩定，這次ASEAN高峰會有許多安全和其他方面的顧慮。塔克辛雖然被泰國的紅衫軍趕走了，他在國內仍有不少支持者。這第十四屆的東協高峰會，原擬去年十二月在清邁召開，又逢機場關閉，才延期到現在。

泰國總理艾比希不敢在曼谷開峰會，移到華欣 (Hua Hin) 舉行。台灣遊客對泰國都很熟悉，但華欣在哪裡？原來那是泰王蒲美蓬 (Bhumibol Adulyadej) 休假之地，遠離曼谷，四周有大批軍警防衛，閒人無法接近，可確保安全無虞。

東協峰會通過的最重要文件，是《為訂定二〇〇九至二〇一五年東協道路圖聲明》(*Declaration on the Roadmap for ASEAN Community, 2009–2015*)。這份聲明取代了以前在寮國永珍 (Vientiane) 制定的《東協行動計畫》(*ASEAN Action Plan*)；責令東協組織的外交、經濟與其他主管部長會議和去年元月才接任東協祕書長的蘇林 (Surin Pitsuwan) 負責執行。

東協祕書長在新加坡籍王景榮卸任後，由蘇林繼任。此人做過泰國四屆國會議員與外交部長。他是回教徒，在百分之九十五人口篤信佛教的泰國能做到外長，確是異數。這份聲明賦予祕書長動員各會員國、對話夥伴乃至開發夥伴的資源，以執行道路圖，恐怕也只是說說而已。

八十六、金融風暴正烈 還鬥二二八……

(原刊九十八年三月三日《聯合報》民意論壇)

今年的二月二十八日早已過了，還談「二二八」做什麼？

我的回答是：唯有等借題發揮的政客們利用過這件歷史公案，另尋攻擊執政黨的題目後，才能平心靜氣地從學術立場，討論這樁歷史事件。馬英九在二二八紀念公園被綠營發動的人群拉布條抗議，在台下大叫大喊，幾乎遮蓋了他的聲音，馬仍不許警察碰觸到示威者身體。人民看見這種忍耐心，自然會有所感觸，但政治糾紛不在本文討論範圍之內。

很少媒體報導中央研究院研究員朱浤源、台灣史研究會理事長尹章義等人，二十八日舉辦過一場座談會，發表「學術界對二二八問題聲明」的事。

他們也並非學術界研究二二八事件的先驅。中研院高齡九十歲的黃彰健院士，著有《二二八事件真相考證稿》，前年五月由聯經出版公司出版，厚達六百頁。黃院士治學態度謹嚴，如此詳盡的研究，仍自稱「考證稿」，可見他的謙遜。

這本學術著作早已詳盡公平地檢討了所有資料，把事實與謠傳用顯微鏡仔細地分開。一些綠營政客卻只知把當年死傷人數無限制地誇大，藉以鼓動深綠選民情緒。但事實不容偽造，要查清楚並非難事。

馬英九任法務部長時，八十四年四月七日公布《二二八事件處理及賠償條例》；九十六年三月二十一日修正。受害者家屬只須提出證據，不交由政府審查，而由「財團法人二二八事件紀念基金會」認定後，發給賠償金。如果五年內未曾領取，那筆錢也不歸還給國庫，而是改交紀念基金會使用。所以只要問有多少位受難者或其遺屬領取過賠償金，便可知當年確實死傷人數，恐怕不及誇大數字的幾十分之一。

二二八至今已六十二年，當年十八歲的年輕人，如今已滿八十歲。台灣外須面臨大陸崛起的壓力，內有從美國傳來金融風暴的衝擊，急需全民團結，應付史所未有的新環境。

我呼籲綠營政客不要再把二二八作為政治鬥爭的工具，人民心裡自有是非的一把尺，去年的立委與總統選舉結果，就是今年底的榜樣。

八十七、歐巴馬的改革支票

（原刊九十八年三月二日《中國時報》時論廣場）

每年新春美國國會開議之時，總統循例要向兩院聯席會議提出施政方針報告，即所謂「國情咨文」。但台灣各電視台上星期三晚都播出片段的歐巴馬向美國國會的演說，因為他就任才剛滿月，嚴格說來並非國情咨文。算什麼呢？他自己開宗明義說：「我今晚來此，不僅是向諸位報告，而是要直接向把我們大家送到這裡來的全體選民說話。」

這篇歷時九分十八秒的演說，被掌聲打斷六十五次，其中三十七次是全場起立鼓掌。坐在他後面的共同主席——身兼參院議長的拜登 (Joe Biden) 副總統和眾院議長佩洛西一再站起又坐下，忙碌之狀令人失笑。CBS民意調查顯示美國人對歐巴馬的支持度原已有六二％，演說後更升高到六九％，CNN的調查也是六八％，可見這場演說的功效。

英國《導報》(*The Guardian*) 稱這篇演說為「經濟咨文」頗為貼切。歐巴馬的目的是效法小羅斯福總統的「百日新政」(The New Deal)，有些急求表現無可厚非。用美國俗語說，他甩掉了軟軟的皮手套 (Throw away the kid gloves.)，對華爾街該為金融風暴負責的「肥貓」們，毫不留情地痛加鞭斥，獲得工作階層大聲喝采。

當前他面對最迫切的課題，莫過於搶救美國經濟。他舉出一個月來已經提出的《穩定經濟計畫》、《救助房市計畫》和提經國會通過的《經濟復甦法案》，其目的都在協助社會最底層的家庭渡過難關，緩和經濟衰退的趨勢。

歐巴馬把華府政治圈作為改革的首要對象。他說：「為使美國步入安定與繁榮的新道路，我們必須屏棄華府的老套做法。我們不能再容忍財政赤字和無限地浪費，而把債留給子孫。」

他開出的支票包括：在四年任期內將預算赤字減少一半。歐巴馬號召說，要達成這項目標，美國政府須做出痛苦的決定與犧牲，誠實地估算歲出歲入，不向納稅人謊報他們的血汗錢是怎樣花掉的。另外一張遠期支票，是盡速建立全民健保制度；世界最富強的美國，至今尚有四千六百萬人沒有任何疾病保險。但此事說來容易，實施卻需要鉅額經費，總統一任才四年，恐怕很難完成。

二月二十六日，歐巴馬向國會提出二〇一〇會計年度預算書，厚達一百三十四頁，總預算三兆六千億美元；其中赤字達一兆七千五百億，比美國史上最高赤字幾乎超出四倍之多。這是因臨時又增加了二千五百億，專供拯救瀕臨破產類如花旗銀行等金融機構之用。

如果要找一句話形容歐巴馬的第一份預算，「劫富濟貧」四字約略近之。他要用競標拍賣的方式，開徵二氧化碳排放稅，逼使大企業主正視全球暖化危機。年薪超過二十萬美元，或夫婦年收入超過二十五萬美元的所得稅率，都將增加。布希任內通過減免高所得者的稅率，這一兩年滿期後，會全部取消。

在華府多年來倚賴遊說活動，享受低稅負的大規模農業、保險業、製藥業乃至應為金融風暴負責的「避險基金」經理人，今後稅負都將大幅增加。相對地，一般平民的稅負則將減輕，小老百姓的個人所得稅每人約可少繳四百美元，夫婦合計每年省八百美元；有子女就讀大學的家庭，每年每人的學費可享二千五百美元的免稅額。

這份預算書雖獲輿論喝采，國會恐怕不肯照單全收。共和黨籍的參眾議員正摩拳擦掌，準備給歐巴馬一點顏色看；雖不致打到七折八扣，也不可能全身而退。

回到本篇開始的話題，總統發表國情咨文後，反對黨照例有答覆之權，各大電視網依照傳統，也在總統演說完畢後，立即播放在野黨的反駁。

這次共和黨挑選的答辯人，是印度裔的路易西安那州長金達爾 (Bobby Jindal)，他既是以保守著稱的最南部 (Deep South) 人，又與歐巴馬同為有色人種。密西西比河注入墨西哥灣的海港紐奧良 (New Orleans) 市，四年前遭受卡翠娜颶風侵襲時，他還只是眾議員。他能當上州長，可證受災最重的貧民區黑人，都同意南部已經唾棄了種族歧視。

他指出歐巴馬八千億美元《緊急撥款法案》是拼湊而成的急就章。例如所列一億四千萬元作為「監控火山活動」費用。金達爾說：真正該受監控的，是民主黨那批花錢如流水的政客。但在目前歐巴馬正當紅之時，輿論對他的答辯反應不佳。

八十八、與東協各國簽FTA

（原刊九十八年二月二十七日《聯合報》民意論壇）

馬英九總統說，與大陸簽《綜合性經濟合作協定》後，將送立法院審議；立法院長王金平對這種先斬後奏的做法似乎有些不滿。惟兩岸關係本是總統獨享的職權，無人可以質疑。

兩週前，我曾有機會聆聽馬總統詳細列舉他各項施政重點，在兩岸關係上以理性、對等、互惠、尊嚴為原則，而綜合經濟合作則是重點所在。

所謂綜合性經濟協定，說穿了與《自由貿易協定》（*Free Trade Agreement*，簡稱FTA）效果並無二致。洽談兩岸《綜合性經濟合作協定》不是件容易事。大陸肯定會拿它作為籌碼，海基會董事長江丙坤自然心裡有數。

我的建議是：兩岸既同為世貿組織會員，《自由貿易協定》又是世貿組織所鼓勵的安排。至今在世貿組織祕書處登記的雙邊《自由貿易協定》已達四百餘件，還有四百餘件正在洽談中。台灣有足夠的理由，同時向東協各國談簽訂《自由貿易協定》，作為與大陸談判的《綜合性經濟協定》的助力。

我國原已與新加坡談妥了《自由貿易協定》，只因政權輪替，民進黨上台，堅持只用「台灣」為國名，以致觸礁。現在正是舊案重提之時，外交部說，史亞平赴任前已知這是她的首要任務，應該很快就有消息。

此外越南、柬埔寨、寮國、印尼、馬來西亞，我們都可提議簽訂《自由貿易協定》。只要和新加坡簽訂後，大陸並無強烈反應，這些國家見風轉舵，自然會點頭同意。

退一步言，即使只和新加坡簽了《自由貿易協定》，聰明的台灣商人就會到新加坡設立子公司，把台灣產品運到那裡，說是「新加坡製造」，只要手續與轉運費用低於大陸關稅，就有賺頭，政府不必為它操心，也不必管它最終賣到哪裡去。

八十九、希拉蕊北京行的敏感話題

（原刊九十八年二月二十三日《中國時報》時論廣場）

最近，有機會重讀歐巴馬當選與就職兩篇演說，更使我堅信這位黑人總統非但不是兩年多前反對布希貿然對伊拉克出兵時，被許多人誤認的「鴿派」。相反地，他在對外關係上比前任更強硬，是個大「鷹派」。最好的證明，是上週他宣布增派一萬七千名官兵，包括陸戰隊與新型陸軍裝甲車各一個旅，使在阿富汗美軍增至五萬五千人。歐巴馬並要求已有三萬軍隊在阿富汗協防的北約盟邦，再增派部隊，「以穩定日益危急的局勢」。出力最多的英國已答應在原有八千人外，再增兵三千人。

接任伊始，百廢待舉，歐巴馬的第一要務是向國會要錢，搶救經濟。他只能抽出一天時間去緊鄰的加拿大訪問，因為兩國經濟實為一體。其餘出訪工作都交給國務卿希拉蕊代勞。後者寧肯去亞洲，自然有她的考量。到上星期五，她已經走完了日本、印尼和南韓三國。

日本內外都有問題，最需要美國的支持與安撫。在內政方面，首相麻生太郎的支持度跌到谷底，屋漏偏逢連夜雨，財政大臣兼金融擔當大臣中川昭一，在七大工業國財長和中央銀行行長會議期間，喝酒喝到神志不清，在國際場合出盡洋相，因輿論大嘩而辭職。在對外關係上，日本一直焦慮大陸崛起，反映出日本的衰退，此時美國新任國務卿以東京為亞洲行第一站，打氣正是時候，日本朝野自然感激涕零。

希拉蕊深諳宣傳之道，她接受媒體採訪的時間，遠超過與日本官員會晤的時間。她在東京帝大演講外，分別接受日本各大電視網專訪，包括NHK、富士、讀賣與朝日。美國三大電視網CBS、NBC和ABC也都是獨家專訪，我真懷疑她哪來這麼多時間。

第二站到印尼是為了討好她的老闆，希拉蕊特地到歐巴馬就讀過四年的小學，與學生們攝影留念，流露出一副自然愛兒童的模樣。她和印尼總統尤多約諾與外長哈山(Hassan Wirajuda)晤談，無非禮貌而已。兩人雖都當面邀請歐巴馬來印尼訪問，重溫兒時舊夢，她卻未做承諾，只答應轉達。

希拉蕊在雅加達談話的重點是：《可蘭經》的教義，其實與民主政治、現代化和婦女權利並不衝突，有並存的空間。她心知肚明，歐巴馬在金融風暴未解除前，根本不能出國。而等到情勢緩和時，美國如真要表示與伊斯蘭教謀求和平共處，盡可到更能號召中東其餘國家的埃及、約旦，或者象徵政教分離的土耳其去訪問，可能在回教世界引起更多共鳴。

第三站到首爾，自然是給李明博大統領做後盾，警告北韓切勿製造核彈。但是希拉蕊用的詞是，平壤如一意孤行，對和平「沒有幫助」，客氣得令南韓媒體驚訝。猜測她的用意，或許因為六十七歲的大獨裁者金正日，去年八月曾經中風，病況嚴重，不能會客。如今外傳將由年方二十四歲的三子金正雲繼位，恐因爭奪權位發生劇變，美國寧可靜候變化。

前昨兩天，希拉蕊都在北京，這才是她此行真正的重點。大陸外交部和新華社網站當然不會透露任何有價值的消息，她更不可能自行洩密。隨行的大批美國記者即使各顯神通，挖掘內幕，恐怕也收穫無多。與其散彈打鳥，不如從歐巴馬對中國的態度，和希拉蕊忠實執行他的政策層面去思考。

白宮新主人既是大鷹派，對中南海的胡溫領導集團不滿之處，有兩項是可能爆發衝突的敏感地帶：一是歐巴馬認為大陸人民缺乏基本人權，二是新任財長指責中國政府操縱匯率。希拉蕊是何等聰明人，為執行總統的意志，她與胡溫兩位見面時，肯定會提起這兩點。

如問我有何證據，請找二月十三日希拉蕊在紐約亞洲學社 (Asia Society) 的演講來讀一下。裡面有這麼幾句話：「作為雙方對話的一部分，我們在擴大人權方面，會以同樣標準要求自己與其他人，創造一個尊重人權的世界。」她並且說：「西藏人和中國人都應不畏壓迫，享受宗教自由。」

她提起這些敏感話題時，胡錦濤主席只有兩種回答方式：其一是強忍怒氣，耐心地向她解釋，北京正在從地方開始，由下而上，一步步地推行民主，保障人權。至於匯率問題，則因有金融海嘯，暫時凍結人民幣對外匯率，是不得已的舉措。其二則是大發雷霆，強硬地駁斥她轉述歐巴馬的看法，順便把金融危機波及全球，皆因罪魁禍首的美國放任資本主義胡作亂為，痛責一番。

稍等幾天，說不定讀者就會得知哪種猜測較為接近事實。

九十、《王柏生畫集》序

（原刊九十八年二月大陸出版之《王柏生畫集》）

我與王柏生先生至今尚無一面之緣，但對他的畫作早不陌生。老友郭中川七年前給我看由上海書畫出版社精印，有余建國和他兩人作序的第一本畫集《閩南一怪》，給我很大的震撼。

我最初的反應並不正確，記得我第一句話是：「他的畫令我聯想起莫迪利亞尼 (Amadeo Modigliani) 來。」但看完後，自己立即警覺不妥，需要修正。因為他的畫風與我在世界各地美術博物館所見這位猶太裔義大利籍畫家的作品，只有一點點相似之處，就是人物的面部稍長，表情略帶三分憂鬱，和七分神祕感。

從《閩南一怪》所收八十六幅畫作，可以看到柏生先生找尋他個人風格的歷程。有色彩朦朧的抽象派作品，有象徵意義濃厚的清末民初婦女吹奏樂器的畫作，有結合中外畫法與紙張的嘗試，甚至有畢加索 (Pablo Picasso) 那種玩世不恭的信筆之作。

畫集最後兩頁的素描，使我聯想起在西班牙巴塞隆納 (Barcelona) 參觀畢加索博物館所見的許多張鉛筆素描。大畫家成名之前，必須先打下深厚的基礎，然後才可隨意發揮。現在的年輕人妄想跳過基本素養，一步登天，結果畫虎不成反類犬，應該學學柏生先生的榜樣。

我對繪畫是十足的門外漢；用我粗淺的眼光看來，《閩南一怪》裡一九九〇到九五年間的畫，顯示柏生先生在抽象與寫實之間，徘徊未決。承他好意，送過我一張約有五呎乘三呎半的畫，使我有朝夕端詳的機會。畫中三位著滿族旗裝的婦女，一位吹簫，一位吹橫笛，另一位彈琵琶。她們的眼睛似開實閉，三分陶醉在音樂中，卻帶了七分神祕感；腳下那隻貓再添加兩分，共計九分無法捉摸的意義，幾乎有文藝復興 (Renaissance) 時期所謂寓言式 (Allegorical) 的味道。

這只是我個人獲得的印象。不必去問創作這幅畫的人，因為畫家絕非有意學什麼人或什麼畫派，他只照自己的靈感作畫而已。《閩南一怪》裡縱然有各種風格的畫，所代表的都是柏生先生在不同年分裡留下的足跡。

三年前青藏鐵路通車後，中川兄陪柏生先生搭火車去拉薩，參觀布達拉宮 (Potala Palace) 之外，畫了許多藏族同胞的速寫。這次經驗使他歸附了新寫實主義。回到廈門，他晝夜不停地用宣紙作材料，畫了許多大尺寸的人物畫，把藏族婦女刻劃得如見其人。

我非常喜歡這些新作品，因為柏生先生把老年婦女飽經風霜的臉龐，和年輕母親懷抱幼子相對照，若非累積四五十年的功力，絕難做到這樣地步。中川兄要我替他新畫冊作序，其實找錯了人，我是絕對不夠資格的。被他逼得沒有辦法，只好拿個人膚淺的感受，搪塞交卷了。

二○○九年二月十九日・台北

九十一、美狎童狼 交換黃芳彥吧

（原刊九十八年二月十七日《聯合報》民意論壇）

王又曾和金世英夫婦掏空力霸集團資產，究竟吞沒了多少錢，難以計算。不同檢察官有不同的估計，台北地院法官則認定為四百多億新台幣。案發時王又曾夫婦二人原在上海，後來赴美。王令麟的妻子蔡雪卿也有美國籍，雖同在美國，並未與公婆同住，法院認為王令麟如想偷渡輾轉赴美團聚，並非全無可能，所以他最近才又因調查站情資不實，到看守所渡過春節，一週前才再度交保獲釋。

還記得兩年多前，輿情憤慨，責備政府為何不向美國交涉，把王又曾夫婦引渡回台，接受司法審判嗎？我查證過，金世英有美國籍，她拿的是美國護照；王又曾則基本上仍為中華民國國籍。政府雖然吊銷了他的護照，問題在台美間並無引渡條約，只有司法互助協定，其中關於引渡事項，文字含糊不清。美國國務院因而耍賴，常拿什麼遵守司法程序之類的言辭，拒絕把具有中華民國國籍身分的王又曾，交給我政府審訊。

好吧，姑且把王又曾的案子擱下不提。但捲入陳水扁夫婦貪汙不知多少億元各種弊案，屢傳不到的新光醫院副院長黃芳彥，照他自己說詞：既無美國籍，而綠卡只在申請中，美國總該應我國透過外交管道的請求，把他送回台灣，接受特偵組訊問吧？

老實說，在通常情形下，國務院可能又以各種理由推托，甚至搬出人道主義的大道理，不肯幫忙。現在好了，昨天《聯合報》頭版頭條報導，美國頭號狎童狼「馬克李」，在台北被刑警局逮捕了。此人被加州高等法院依六件猥褻、凌虐嬰幼兒的罪名起訴，求刑四十八年，並裁定以兩百萬美元交保。但他在二〇〇七年底就在強制治療期間脫逃，去年底逃亡香港，上月初來到台灣。美國在台協會台北辦事處已表示感謝刑警局的效率，希望把馬克李盡速引渡回加州，繼續未完的審判程序。

我要呼籲：刑警局千萬不可隨便就把他交給美國。我們在交涉眾多引渡案時，受夠了美國的拖延手法。這次不妨說：很好，請你先把王又曾和金世英夫婦，或至少仍具中華民國國籍的王又曾送回台灣，大家都不吃虧。

退而求其次，美國至少也得拿黃芳彥來交換，以一換一，各取所需，才符合公平正義。這是平等互惠的基本原則，關係我國主權是否受到尊重，法務部王部長清峰和外交部歐部長鴻鍊都不可等閒視之。

九十二、希拉蕊的亞洲之行

（原刊九十八年二月十六日《中國時報》時論廣場）

美國新任國務卿希拉蕊昨天離開華盛頓，開始她訪問亞洲四國的行程。首站將在日本停留三天；本週三到印尼，星期四到南韓；整個週末則將在北京度過，下星期一又回到國務院上班。

傳統上歷屆新任國務卿，首次出訪一定到歐洲去拜訪英、德、法、西等盟國。她為什麼反其道而行，要先去亞洲呢？國務院發言人伍德 (Robert A. Wood) 上週在例行記者會解釋說，因為亞洲的經濟成長速度與影響力日漸重要，所以選擇去亞洲。伍德恰好也是擔任國務院發言人辦公室主任的第一位黑人。

希拉蕊決定來遠東的真正原因，是因為新任副總統拜登正在歐洲訪問，她沒必要去軋一腳；而新任中東特使米契爾 (George Mitchell) 已經在死結難解的以色列與巴勒斯坦兩邊奔走，她更不必去那兒蹚混水。剩下來只有亞洲，聰明的希拉蕊因而選擇把她第一次出國訪問的榮譽，給了這四個國家。

然而這又使自命不凡的印度，和多年盟邦澳洲心生不滿。怎樣擺平印度呢？希拉蕊利用已故人權運動領袖馬丁路德・金恩牧師一九五九年到印度去見甘地的五十週年紀念，找他兒子 Martin Luther King III 率領龐大代表團，包括黑人眾議員 John Lewis，和當年支持金牧師的白人之子，現由阿拉巴馬州伯明翰市選出的眾議員 Spencer Bachus，乃至著名的爵士樂大師 Herbert Hancock 去印度訪問。反正國務院花錢毫不心疼。

對澳洲如何交代，目前尚無下文。澳洲外長史密斯 (Stephen Smith) 元月底曾和希拉蕊通電話，她想必曾告訴前者將出訪亞洲的計畫。她此行重點，去日本是為安慰這個亞洲最重要的盟邦，並為自民黨籍首相麻生太郎打氣。日本經濟遭受重創，麻生的民調跌到只剩二三・二%，而他的政敵民主黨領袖小澤一郎的民調，則高達四三・八%，幾達麻生一倍之多。

許多人不懂她為何從東京橫越東海與南中國海，飛往印尼，然後再飛返南韓的道理。美國媒體猜測是因為印尼人口達兩億四千萬，是世界最大的伊斯蘭教國家，此行象徵美國並無與伊斯蘭教對抗之意。但印尼的回教徒秉性和平，不像伊朗或敘利亞那麼仇視美國。前幾年在峇里島屢次發生炸彈事件，都是中東來的「蓋達」組織極端分子所為，與當地人無關。不要忘記歐巴馬童年在印尼長大，希拉蕊此行是否有拍馬屁之嫌，就要讀者自己去評估了。

她到南韓，自然與透過「朝核六邊會談」阻止北韓發展核子武器有關。國務院主管遠東事務的助卿希爾每次開會，必須僕僕風塵趕去首爾，現在傳出將調任駐伊拉克大使。遺缺由波士頓塔夫斯 (Tufts) 大學佛萊契法律與外交學院 (The Fletcher of Law and Diplomacy School) 院長 Stephen Bosworth 接替，後者這次也在隨行人員之列。

希拉蕊自詡，從做白宮第一夫人時起，到參院外交委員會這麼多年，世界各國的元首或政府領袖，沒有幾位她不認識。這話自然不假，但平壤她沒去過，和金正日也從無一面之緣。這次時間太匆促，雖然北韓最希望的就是與美國直接談判，以達建交目的，做到像聯合國一樣地兩韓並存，她不會有很大興趣。而金正日年邁體衰，外傳已患重病，朝不保夕，希拉蕊也不想和他見面。

中國大陸才是她此行的聚焦點。外交部長楊潔篪將全程陪伴她出席所有節目，拜會胡錦濤、溫家寶、賈慶林等國家領導人，不在話下。國務院發言人伍德在記者會上說，她與中國領導人談話的項目有金融風暴、人權事宜、集體安全和全球氣候變化等。照理說，金融海嘯應該是財政部長蓋特納主管範圍，但這位部長一上台就指責中國操縱匯率，惹得北京很不高興。她如果拿匯率和人權問題一起提，胡、溫兩人肯定不會給她好臉色看。

現任美國駐北京大使雷德 (Clark Randt) 曾供職美中貿易全國委員會，旅居香港和大陸三十年，通曉中文，布希總統上任就派他到北京，做了整整八年，是歷來在任最久的駐華大使。這次政權輪替，必須捲舖蓋走路，繼任人選可能由希拉蕊在北京宣布。華府內幕消息最靈通的《尼爾森報導》(*The Nelson Report*) 透露，此職將由紐約智庫布魯金斯研究所董事會主席，放棄高盛千萬美元年薪而到清華大學當每年只拿一美元的客座教授約翰・桑頓 (John Thornton) 出任，本週末應可揭曉了。

九十三、超越藍綠　支持五十年維和

（原刊九十八年二月十一日《聯合報》民意論壇）

思考台灣前途時，有兩件無法改變的因素。其一是總有一部分人主張或至少贊同台灣應該獨立。前副總統呂秀蓮曾說人數當在百分之二十八到三十二之間，相當客觀。

其二是大陸改革開放三十年後，軟硬實力不斷增強，兩岸關係已發生基本變化。當權的胡錦濤和溫家寶兩位，志在與美國爭奪世界霸權，早已不把台灣看在眼裡。

陸委會不斷在調查台灣民意，贊同「急統」或「急獨」的人永遠是極少數。贊成「維持現狀」的比率則愈來愈高，其中「永遠維持現狀」恆在百分之六十以上。現實情形下，既然民意非常清楚，兩岸勢必朝這個方向移動。

台大黃武雄教授在網路發動百萬人連署「尋找太平歲月：五十年維和方案」，分三個階段：第一階段要透過公民投票，催生「五十年維持現狀，不統不獨」入憲。第二階段則強調「非軍事化」，要簽署《五十年兩岸和平協定》。第三階段才是計畫的核心：把五十年後台灣主權歸屬問題，交給那一代人去決定。如有共識，可加註到時舉辦公民投票決定。

我對於黃教授的構想，只有一點保留，就是第二階段談判和平協定過程中，希望美國也參與討論。大陸基於主權觀念，絕不可能同意，這一點不妨刪除，無須因小失大。

黃教授的提議所以引起注意，因為他的太太是雲林縣長蘇治芬；他還曾聲援過眾手所指的莊國榮。《聯合報》昨天的社論指出兩點：第一是所謂統獨爭議，實際已成為「維持中華民國」與「終結中華民國」的口水辯論。第二點隱藏在標題裡，簡言之，蔡英文願意嗎？她會支持退休數學教授黃武雄石破天驚的創議嗎？

雖然頭頂民進黨主席的花冠，原本溫文爾雅的蔡英文自去年五月接任以來的表現，不免令人失望。一般的感覺是她不但未能恢復民進黨早年的精神，反而成為黨內舊勢力的俘虜。黨的中執會被原本圍繞在阿扁身旁的那群人把持住，她被牽著鼻子走，全無方向感，更談不上紀律。例如她在去年十一月說：民進黨要採「議會與街頭路線並進」，這是什麼樣的邏輯？

希望黃武雄先生能在最短時間裡，在網路獲得一百萬人連署，不分藍綠，不問省籍，只代表住在台灣所有人的心聲。

九十四、大陸以經濟外交出擊

（原刊九十八年二月九日《中國時報》時論廣場）

全世界都忙於應付金融風暴時，大陸挾其將近二兆美元外匯存底的優勢，趁歐巴馬總統只顧撲滅華爾街大火之際，派領導人分訪世界各地，展示國力。所至之處，各國領袖打躬作揖，逢迎惟恐不及，這就是今日國際關係的寫照。

二月三日，國務院總理溫家寶剛在訪問瑞士、德國、西班牙、英國與設在布魯塞爾的歐盟總部，並出席瑞士達沃斯的「世界經濟論壇」（World Economic Forum，簡稱WEF）後，返抵北京。明天二月十日，胡錦濤主席又要出訪沙烏地阿拉伯和非洲的馬利、塞內加爾、坦桑尼亞與模里西斯。副總理回良玉也去訪問中南美的阿根廷、厄瓜多爾、巴貝多和巴哈馬。真可說馬不停蹄，宣揚國威。

溫家寶去歐洲，繞著法國走了一圈，獨獨漏掉巴黎。理由很簡單，因為薩科齊總統接見達賴喇嘛，觸犯北京的大忌。在記者會上，外國記者問他為何獨漏法國，溫微笑回答說：「你們都知道是什麼原因。」直接賞了法國政府一個響亮的大耳光。

他自己稱歐洲行為「信心之旅」，所指顯然並非惶惶不可終日的歐洲國家，而是大陸本身信心滿滿。中國的高官都喜歡掉書袋，溫總理在劍橋大學（University of Cambridge）演講時，先引唐詩「潮平兩岸闊，風正一帆懸」，象徵大陸經濟不受金融海嘯的影響，可見其得意忘形的程度。

但馬上就發生了殺風景的事。劍橋聽眾裡，有個學生效法布希總統在伊拉克記者會上，被人丟皮鞋的往事，也朝溫家寶丟了隻鞋，不曾打中，馬上被維安人員拖走。溫並未閃躲，只瞪著眼睛看台下，等紛擾過去仍繼續演講。大陸中央電視台破例報導了這樁意外事件，但沒有丟鞋子的畫面。外交部發言人姜瑜被問到這件意外事故時說，英國政府和劍橋大學校長理查德 (Alison Richard) 都已向溫氏道歉了。

溫本人很看重在充滿傳統的劍橋大學演講一事，新華社與外交部網站都刊出講詞全文。他以西北沙漠裡逆勢生長的胡楊樹為象徵，說明中國「以人為本」的政策，與改革開放三十年來的成就：全國貧困人口減少兩億多，每人平均壽命則提高了五歲。

他也提到四川大地震，描繪訪問汶川災區的感想。最後強調：有人說「國強必霸」，中國沒有這種野心。相反地，「中國和世界正以前所未有的速度融合在一起」，全國有三億人在學習英語，有一百餘萬人在外國留學；中國將與國際社會積極合作，應付百年未有的金融危機。

總理訪英，當然要到唐寧街十號 (10 Downing Street) 首相官邸，會見布朗首相。兩人晤談後，簽署了兩國《加強合作積極應付國際金融危機的聯合聲明》。

次日，又在冰天雪地的倫敦，出席了雙方金融與學術界人士的早餐會，聽取如何復興經濟的建言。

溫家寶也接受了《金融時報》(*Financial Times*) 獨家專訪。刊出第二天，該報有一篇社論，話裡藏針地指出：中國忙於擴大內需之時，恐怕沒有餘力支援國際貨幣基金的增資號召。它也說，北京手中握有數千億美元的美國國庫債券，如今面臨進退兩難的困境。在市場拋售，賣得少了只能坐視美元貶值，賣多了又可能壓低折扣價，惹起美國國會反感。

社論引用專訪內容，有人指責中國人儲蓄率太高，間接引發了美國金融危機，溫的反應是「笑話」。美國新任財長蓋特納批評大陸操縱匯率，溫認為這種說法「毫無根據」，顯示他得理不饒人的個性。

細讀溫家寶在英國的言論，只有中國應付經濟危機的四項步驟有實質內容，其實與任何國家所採辦法並無大差異，包括：㈠大規模增加政府支出，擴大內需；㈡大範圍實施產業調整振興的計畫；㈢大力推進科學技術的進步和創新；㈣大幅提高社會保障的水平。

倒是二月四日在德國休假勝地威斯巴登 (Wiesbaden) 舉行的六國外交部總司長級的會議，大陸由外交部長助理劉結一代表出席。會中討論兩個議題：一是如何勸阻伊朗，不要發展核子武器；二是為「改革聯合國安全理事會」的部長級會議鋪路。這場中、美、俄、英、德、法的六強預備會，值得全球各國注目。

九十五、歐巴馬給了指桑罵槐的啟示？

（原刊九十八年二月五日《聯合報》民意論壇）

美國自開國以來，基於民主精神，不願學歐洲王室所作所為，從不邀請其他國家的元首或政要參加美國的總統就職典禮。我去年底就寫過一篇文章，指出馬總統不必硬去擠熱鬧，有駐美代表在那裡就夠了。

但是外交部偏要組織個什麼慶賀團，耗費幾十萬美元公帑，去了一堆人，前副總統呂秀蓮也在其列。一月二十日晚間，我為聽歐巴馬的就職演說，犧牲了前半夜睡眠。那晚凡看電視轉播的讀者都可證明，冗長的介紹賓客名單，都是美國人，沒有一位外國政要，可證前段所述無虛。出於好奇，我也試圖在外圍觀眾裡，找台灣慶賀團熟面孔，自然無法找到。

我不知道團員中有沒有人參加了那晚華盛頓幾十場舞會。袁健生代表總算安排全團參加了國家大教堂的感恩禮拜，但包括王金平院長在內的全體團員，有沒有一位曾和歐巴馬握手寒暄？答案是沒有。

看民意論壇，見有呂前副總統秀蓮的長文，斷言她參加歐氏就職典禮所獲的啟示，竟是「美國能，台灣不能」，把馬英九狠狠地修理了一番。

她有何根據呢？呂女士說：第一，歐巴馬勝而不驕，馬侃雖敗猶榮，「沒有口出惡言，更不會因敗選而耍無賴」。我實在不懂她在責備誰；馬英九沒輸啊，謝長廷也沒口出惡言或耍無賴呀。她如暗指馬總統因勝選而驕，國人自有公評。

第二，呂女士稱讚歐巴馬虛心請教前任「作經驗傳承」，更未「清算前朝」。我的天啊，難道馬英九該向陳水扁虛心請教他做總統的經驗嗎？檢調單位也不該徹查阿扁一家數不清的貪汙和弊案嗎？

第三，呂前副總統稱讚歐巴馬用人唯才，留任共和黨時代的國防部長，顯示充分的自信心。恕我愚魯，請呂女士點明陳呂配八年中，哪位部長真有才華，好讓馬英九有三顧茅廬的機會。

第四，她說歐巴馬雖是肯亞人的兒子，不會「身在美國，心在肯亞」。言外之意，似乎影射馬英九過分遷就大陸政權。如果真是這樣，馬總統怎麼會用賴幸媛做陸委會主委，要求對岸將飛彈後撤，以及鼓勵台商返國投資呢？

呂秀蓮女士的結論是：「美國能，台灣不能。」她的邏輯何在？請讀者自己去判斷。

九十六、新瓶裝舊酒的歐巴馬

（原刊九十八年二月二日《中國時報》時論廣場）

美國第四十四任總統歐巴馬，上任才兩星期。此時就來檢討他的治績，似乎有點不近人情。但金融風暴席捲全球，從英國到肯亞，從冰島到印度，舉世都有朝不保夕的危機感。正如他所說：「世界仍需要美國。美國也仍足以影響世界。」讓我們檢視一下他兩週來的作為，看是否有扭轉乾坤之望。

進入白宮一樓那間橢圓形的總統辦公室的第一天，他宣布了兩項指示：第一是關閉在古巴關達那摩基地 (Guantanamo Bay Naval Base) 的俘虜營，因為美國情治單位利用該營不在本土的事實，在審訊蓋達和其他恐怖分子時，經常使用各種不人道的手段，有違美國的立國精神。他命令該營須於一年內關閉。

第二是訓令所有政府機關不得雇用兩年內曾經向它遊說的人擔任任何職務。依照《遊說登記法》，凡收費代工商企業遊說國會，希冀通過有利於該業的法律者，須按期申報一切活動及所有支出。如代表外國企業或政府，須另依《外國代理人登記法》向司法部登記。但日久玩生，常有遊說者搖身一變進機關工作，造成旋轉門現象。歐巴馬做參議員時，一定受過這類人的騷擾。

同一天，他也下令凍結白宮高級人員年薪在十萬美元以上者的薪給，表示在當前經濟困難時刻，應與人民同甘共苦。雖然是小事，相形之下，台灣不少政府機關與國營事業單位所發的年終獎金，有高達五個月薪俸的，應該自覺慚愧。

前列幾樁都是順應民意，容易討好的動作。對於壁壘分明，正反兩面旗鼓相當的難題，就難免「幫了阿嬤，激怒阿公」。例如歐巴馬二十二日簽署了一道命令，取消所謂《墨西哥城政策》(*Mexico City Policy*)。此詞的來源是二十四年前雷根總統執政時，禁止醫院診所為婦女人工墮胎，結果要打胎的婦女都跑去鄰近的墨西哥首都，做人工流產手術。事前歐巴馬不知是否瞭解：他會因此惹火信奉天主教的「愛護生命」(For Life) 婦女團體，激起保守派的反對聲浪。

美國總統本來就是天下最苦的差使，上台演講時雖然頭頭是道，面對實際情勢就常左右為難。歐巴馬面臨一大堆問題，外交與軍事部分尤其迫切。上任第一天，他就親自打電話給以色列、巴勒斯坦、埃及三國的總統和約旦國王；並任命前參院共和黨領袖米契爾為中東特使，前駐聯合國大使霍爾布魯克為總統特別代表，巡迴中東各國。外人看來，這兩位的職銜與工作似有重疊之處，不知道他們將怎樣分工合作。

就職第三天，他在白宮召見軍事將領，專談伊拉克與阿富汗局勢。在場有中東美軍總司令彼得雷烏斯 (David H. Petraeus)、伊拉克美軍統帥奧德耶諾 (Ray Odierno)、參謀首長聯席會議主席海軍上將穆倫 (Mike Mullen)，與白宮國家安全顧問瓊斯將軍等。即將卸任的美駐伊拉克大使柯洛克 (Ryan C. Crocker) 也在座。歐巴馬競選的主軸就是從伊拉克撤軍，如何兌現諾言，必須有個交代。其實布希總統原已決定今年六月底前，會撤回伊境所有作戰部隊，不勞歐巴馬費心。

無論誰做總統，真正的難題不在國外，而在如何振興國內經濟。歐巴馬的對策不外再大把砸錢。除布希時代已通過的七千億美元外，他又追加八千一百億美元。一月二十八日，眾議院以二百四十四對一百八十八票通過，也就是說民主黨全體支持，而共和黨議員全體反對。雖然通過了，但預算案還須參議院同意。

白宮與參院兩黨領袖會商，後者的計畫還要龐大，預計上看九千億美元。反正是寅吃卯糧，債留子孫，先度過當前危機再說。布希總統應付金融海嘯的辦法，他依樣畫葫蘆，照單全收。

他做事認真，不肯譁眾取寵。許多國家領袖趕去瑞士達沃斯（Davos）參加世界經濟論壇時，他放棄和胡錦濤與各國元首見面的機會，寧願留在華府，處理國務。

就因為這種性格，贏得人民讚賞。布希下台前夕，百分之六十一的民眾認為他政績太糟糕。而依照《今日美國報》（*USA Today*）和蓋洛普機構上週最新的民意調查，贊同歐巴馬上任後一切措施的比例，高達百分之六十八。

你可以說歐巴馬只是換湯不換藥，也可形容為新瓶裝舊酒，這就是政治，舉世皆然。

九十七、希拉蕊的外交理念

（原刊九十八年一月十九日《中國時報》時論廣場）

明天將隨同歐巴馬就職，同時走馬上任，美國歷史上第三位女國務卿的希拉蕊・柯林頓，你可以說她是個目光遠大的政治家，但也可說她是醉心政治，爭不到國家最高職位，退而求其次的政治狂熱者。認為她屬於前一類的粉絲，說希拉蕊是新政府中唯一有足夠勇氣，不怕和總統意見相左的閣員。把她歸屬第二類的人，也不得不承認她在黨內一年半初選激烈競爭中失敗後，肯嚥下那口氣，在民主黨提名大會中力捧歐巴馬，非有超人的雅量，無法做到。

美國各部會司長以上人選，總統有提名權，仍須經參議院通過，始得任命。上星期二，參院外交委員會舉行聽證會，由上屆競選失敗的凱利 (John F. Kerry) 主持。希拉蕊得有機會闡述她的外交理念。全文長逾五千字，因時差關係，台北報紙星期四才略有報導，但對她講話的重點，著墨不多。其實那篇講詞清楚地勾畫出今後四年美國外交政策的思維與遠景，所有關心國際問題的人都應一讀。

開宗明義，希拉蕊說美國這次政黨輪替，不僅換了新總統、新國會，也開始了一個新外交時代。她強調美國應該放棄以武力為主軸的單邊主義和布希的「牛仔」性格，而善為運用「聰明實力」(Smart Power)。此詞實由前副國務卿阿米塔吉 (Richard L. Armitage) 和即將出任駐日本大使的奈伊 (Joseph Nye) 所創。意在把文化與價值觀等等「軟實力」結合美國的「硬實力」，在處理對外關係時軟硬兼施，以獲取最有利於美國的效果。

作為新任國務卿，希拉蕊雖強調要和中國發展良好的合作關係，加強在經濟危機、反恐與氣候變化等各方面的交流合作，但她也點明因為牽涉太廣，不是單方面一廂情願就能做到的，要看北京未來在國內與國外的態度而定。換句話說，她不會過分遷就對手，帶有一點既願與中國合作、又不放棄在人權等問題上繼續批評的味道。

對以色列與巴勒斯坦間忽打忽停的爭執，深諳國會中支持以色列氣氛的她，自然將繼續美國無條件力挺猶太人的政策。她的態度是：除非哈瑪斯承認以色列的存在，放棄暴力，並同意遵守過去各項協議，美國絕不和哈瑪斯談判。

布希總統好幾次曾想對伊朗動武，希拉蕊就謹慎多了。她表示：將「盡一切可能」，包括透過外交手段，例如聯合不欲伊朗擁有核武的其他國家，在聯合國體制下實施經濟制裁，以阻止德黑蘭的伊斯蘭政權在中東興風作浪，尤其不讓它使用各種方法顛覆伊拉克民選政府，擾亂整個地區的和平安定。

談到北韓，希拉蕊讚許「朝核六邊會談」的成就，說歐巴馬和她自己都會繼續支持。她也提到因六邊會談而導致華府與平壤間的雙邊接觸。她當然知道金正日健康日衰，怕內定接班的第三個兒子金正雲聲望不足，因此在他自己死前，急於要和美國建立外交關係。希拉蕊這番話無疑是故意吊北韓胃口，期望逐步達到和平轉變平壤的目標。

這位新任國務卿在評論全球金融風暴時，拿一九二九年美國經濟大蕭條和當前的一方面經濟停滯，另一方面又有通貨膨脹的危機相比，呼籲中國、印度、巴西、南非和印尼等新興市場國家共同參與解決，使世界整體經濟能在最短期間恢復活力。她警告說，各國如不協調對策，不只自己受害，還會波及鄰近乃至全球的國家。

上星期四即一月十五日，外委會以十六票對一票通過希拉蕊的提名案並送院會處理。唯一投反對票的路易西安那州共和黨籍參議員維特 (David B. Vitter) 說，他因柯林頓前總統為興建自己的紀念圖書館，收受了許多有問題的捐款，包括外國政府在內，因而投下反對票。二〇〇四年，台灣也捐過一百萬美元，外交部發言人陳銘政說「那是慣例」。難怪維特要指責「那些數以百萬計的捐款，是充滿利益衝突的地雷區」。

明天歐巴馬正式就職後，所有閣員的提名才會由參議院逐一付諸表決。希拉蕊自然毫無危險，穩定過關。從做白宮女主人起，就認識世界各國領袖人物的她，將可運用十六年來累積的經歷，在美國史上留下她的足跡。

九十八、美國隱藏的種族歧視

（原刊九十八年一月十二日《中國時報》時論廣場）

膚色黝黑的歐巴馬當選總統，象徵美國絕大部分人已經擺脫二百多年的種族歧見。但成語說「百足之蟲，死而不僵」，以色列入侵巴勒斯坦人聚居的加薩走廊（Gaza Strip），在極右派和極左派人士心目中，恐怕會引起更多對猶太族群隱藏的歧視。

久居美國的外人都瞭解，只有WASP才能高踞社會頂端。此字原意是黃蜂，但在美式英語中，它表示白人（White）、英國後裔（Anglo-Saxon）和新教徒（Protestant）。早年問鼎大位者，必須符合這三個條件。四十七年前甘迺迪以天主教徒當選總統，才打破第三項慣例。歐巴馬突破了前兩項，只符合第三條，益顯他贏得不容易。

世界有歷史以來就有種族歧視，中國人尤然。華僑習慣用「老番」和「黑婆」稱呼當地人，渾然不覺其歧視與輕蔑的含意。美國仍有少數人稱華僑為Chinaman或Chinks，何嘗不帶侮辱口氣。本文要坦白檢討美國對猶太人根深蒂固、卻又深藏不露的偏見，探索為何以色列入侵巴勒斯坦，可能發生反作用的原因。

美國三億人口中，猶太裔人數不多，僅約五百六十萬人，其中一百四十五萬住在紐約市，包括終生不得修面、滿臉落腮鬍子的「哈西迪派」（Hasidic Jews）。但其影響力遠超過人數：金融界、律師、會計師、媒體、教育界，各行各業都占據領袖地位。最有影響力的《紐約時報》和《華盛頓郵報》的老闆都是猶太人。

猶太人天資既比其餘白人聰穎，又和華人一樣注重教育，在任何學校都名列前茅。哈佛大學有個從未形諸文字的「猶太限額」(Jewish Quota)，即每年招收新生中，猶太裔不能超過四成。因為如照成績錄取，新生班有被猶太人包辦的危險。猶太人的對策是自己辦所大學，Yeshiva 大學因而被稱為「猶太人的哈佛」，一樣高水準，只是學生全部是猶太裔而已。

大體而言，近四十年來美國的反猶太現象已經大為減少。過去極右派分子討厭猶太人，可以兩次競選總統的 Patrick Buchanon 為代表。絕大部分白人逐漸改變了過去的偏見，取而代之的是拉丁裔人和黑人，以及剃光頭的新納粹分子。

猶太人組織力強，社團數以千計，各司所事。最權威的「美國猶太人委員會」一呼百應。它早就設立對抗種族歧視的「反誹謗聯盟」，經常調查美國國內殘存的歧視猶太裔現象，發現雖已大幅改善，全國仍有百分之十七的人對猶太裔有反感，拉丁裔與黑人討厭猶太人比例，高達百分之三十五。出人意外的是全美大學生也有百分之三很不喜歡猶太人，是否因為成績總趕不上猶裔學生，就不知道了。

五星期前，本欄曾提到馬多夫(Bernard L. Madoff，此姓實應發音為梅多夫）案，他用老鼠會手法騙錢，只是台灣三十年前鴻源吸金案的翻版。如此後知後覺，在紐約卻轟動一時，因為受創者全都是猶太富商。不少住在東區上城的猶太老闆們，一夕之間變得貧無立錐之地。有幾位WASP朋友寫電子信來告訴我，可以想見他們心底有多麼高興。

雖然猶太裔在傳播界人多勢眾，兩週以來以色列揮軍進入加薩走廊，每天電視上巴勒斯坦無辜兒童被父母抱到醫院急救的鏡頭，在廣大民眾間引起質疑：美國為何如此不顧世界輿論，拚命支持以色列呢？布希總統也罷了，怎麼平常正義凜然的歐巴馬也不敢說話了？歐的回答是他還沒有接任，任何時間美國只能有一位總統，避過媒體繼續追問。

極右派人士本來就對以色列有很深的反感，原因之一是美國每年總預算中，援外計畫最大的受益者就是以國。去年以色列獲得二十四億元美援，除以七百二十八萬總人口數，每人可分到三千美元，難怪有人說這個國家是美國豢養的。探究原因，猶太裔多年來在國會的遊說工作功不可沒。一向認為華盛頓政客們不知民間疾苦，花錢如淌水的右派人士，今年會藉金融海嘯造成國庫困窘為名，主張大刪對以色列的經援，可以預期。

極左派的美國人則同情占以國人口百分之二十五點五的巴勒斯坦人遭受的差別待遇，認為他們受以色列政府多年壓迫，從公平正義出發看問題，已經到了重新檢討美國對整個中東問題，特別是以巴爭執應採什麼立場的時候了。以軍雖在加薩走廊所向無敵，迫於世界輿論壓力，已宣布每天下午「停火」三小時。再不見好就收，等隱藏多年的美國人對猶太裔的種族歧視爆發，恐怕會所得不償所失。

九十九、軍艦護航 No 花錢自找麻煩

（原刊九十八年一月十日《聯合報》民意論壇）

使馬政府頭痛的凸槌事件已經夠多了，不知哪位天才心血來潮，又想出「派艦赴索護航」的點子來。我要大聲疾呼：做這種傻事，只會給台灣找麻煩。

首先，假使真派出艦隊，從通過馬六甲海峽起，到紅海的亞丁灣，所有沿途各國，沒有一個和台灣有邦交。目的地索馬利亞，與大陸尤其友善。台灣要派遣至少三艘軍艦到它外海去保護我國籍船，應不應該先去問地主國有無意見？

各國對領海界說不一，領海與公海之間也沒有繩子隔開，極易越界而不自知；如果鬧出侵犯索國領海的糾紛，該誰負責？萬一與索馬利亞海軍有對峙情形，麻煩會更大。

其次，邀請各國派遣軍艦的根據，是去年聯合國安全理事會的決議，去年底前又展延效期一年。台灣並非聯合國會員，而派艦又須先取得索馬利亞同意，再由索政府正式通知聯合國祕書長。我敢預料怕事的潘基文祕書長，一定推三阻四，不可能同意。沒有聯合國的認可，如因護航而發生任何海事糾紛，小如撞翻別國小型船隻，大如遭遇濃霧與他國油船碰撞，就會面臨無處可以申訴，或交付仲裁的窘境。

再其次，《聯合報》昨天把兩岸派出護航軍力，用圖文表示得一清二楚。大陸主力的海口號飛彈驅逐艦

排水量七千噸，台灣的成功級巡防艦才四千一百噸；對岸另一艘武漢號有七千五百噸，比我們三千六百多噸的康定級巡防艦幾乎大一倍；他們的微山湖號補給艦近三萬噸，而我們的補給艦武夷號只一萬七千噸。裝備比不過大陸，何必遠涉重洋，去丟人現眼？

更次，新華社駐台記者前天在陸委會宣布後，立即把新聞發北京。大陸遇任何涉及台灣的事，要層層向上級報告，等定調後才有口徑統一的反應。國台辦即便有善意，萬一軍方說「中國台北」也派艦來護航，歡迎台灣的三艘軍艦「加入」已經抵達的中國海軍遠征支隊，我們將如何自處？

最後，萬里遠征，萬一艦上有官兵急病，隨艦醫官無法治療或設備不足，必需靠岸送到醫院開刀時，艦長只好向最近有海港的大城市求助。但軍艦是國家主權的象徵，哪個國家肯基於人道立場，讓我們的軍艦靠岸？

總統府發言人王郁琦被問起派艦護航的事，回答說「還在評估中」。請馬總統趕快下令阻止，也為國家經濟極度困難之時，節省一筆龐大的無謂開支。

一〇〇、以巴糾紛　剪不斷理還亂

（原九十八年一月十日中央廣播電台「台灣觀點」稿）

以色列的陸空軍去年十二月二十七日對巴勒斯坦平民居住的加薩走廊開戰，迄今已經超個半個月了，雖然聯合國已介入調停，但還沒有看到具體成果。讓我們公平地回溯一下，所謂「以、巴衝突」究竟是怎麼回事，它又是怎樣開始的。

第二次世界大戰之前沒有以色列這個國家，它是一九四八年成立的。理由是根據《聖經》裡的〈出埃及記〉，上面記載著摩西帶領被埃及趕出去的猶太人，千辛萬苦到了耶路撒冷，在那兒建立家園，所以他們要在那兒建國。

加薩走廊是一條長長的土地，位置在約旦河的西岸，面積不到四百平方公里，住的都是阿拉伯人。它是一九六七年，以色列只費六天功夫打贏了所謂「六日戰爭」的戰利品。原本住在西岸的阿拉伯人現在都住在慈善團體蓋的難民營裡，有些人一家三代都在難民營裡長大，難怪他們對以色列懷恨在心。

以色列開國六十年來，有猶太血統的人從歐美各國，尤其是前蘇聯，移民來的還真不少，以國總人口因而從三百多萬增加到七百二十八萬。本國住不下了，有二十幾萬人沒地方安置，都送到約旦河西岸專為他們蓋的新社區裡。

美國也嘗試過調停以巴爭執。柯林頓做總統時，一九九三年簽訂了所謂《奧斯陸協議》，以色列答應：只要巴勒斯坦和它簽訂條約，兩國和平共存，就會把西岸和加薩走廊歸還給阿拉伯人，然而一晃過了十五年時間，以色列是光說不練，巴勒斯坦人是又急又氣。

以色列自稱是中東獨一無二的民主國家，哪想到兩年前巴勒斯坦自治政府大選，哈瑪斯黨大獲全勝。哈瑪斯的意思是「伊斯蘭抵抗運動」，把以色列看作不共戴天的仇人。它是人民選出來的，以色列無可奈何。雙方訂了個停戰協定，這個協定到去年底期滿，麻煩就開始了。

中東情勢非常的複雜：沙烏地、約旦、埃及和波斯灣幾個島國跟著美國走，承認以色列的存在。伊朗、敘利亞、黎巴嫩，甚至伊拉克，都拒絕承認它。其中最反對以色列的伊朗，還源源不斷地供應軍火給哈瑪斯。牽涉的主要因素，還是以上國家各自和美國關係的好壞。

以色列有個情報機構叫莫薩德 (Mossad)，厲害得不得了，知道哈瑪斯的幹部家住在哪裡。以色列出動空軍，能準確地炸毀那棟房屋。哈瑪斯的指揮官叫拉揚 (Nizar Rayan)，全家四個老婆和九個兒子，就是這樣送命的，隔壁人家絲毫無損。但是巴勒斯坦人不怕死，以色列搞膩煩了，索性派陸軍打進加薩走廊，有空軍掩護，要把藏在那裡的哈瑪斯分子一網打盡，這就是眼前的情況。

這一次衝突怎麼收場呢？聯合國安全理事會正在辯論，同情巴勒斯坦的比較多，但有美國在那裡護航，恐怕要等以色列停手自動撤回軍隊時，才會拿得出一個已成「明日黃花」的決議案來。

一〇一、第三勢力　競爭空間有多大

（原刊九十八年一月七日《聯合報》民意論壇）

前民進黨主席施明德向媒體透露，上月他曾與李前總統密談了七小時，春節期間兩人還要繼續晤談。他強調：兩人見面是要談二十一世紀的「台灣夢」。

他左批「第二勢力」的民進黨已經「潰不成軍」了。在蔡英文主席領導下，民進黨「連跟陳水扁的關係都搞不清楚，人民還寄望它幹什麼」？

施前主席最猛烈的砲火，還是右批「第一勢力」的國民黨。他質疑馬英九在兩岸關係上把國與國的關係拿掉。馬執政以來社會國家體制已經亂了套，甚至連一個榮總院長的任命都引起反彈。

兩年前，他曾號召百萬紅衫軍上街，嚇得陳水扁急忙把搜刮所得匯往國外，那是他最光輝的時刻。施前主席說，他和李前總統見面「不是建立第三勢力，應該是要呼喚人民的力量崛起」，還呈現豪氣干雲，雖千萬人吾往矣的壯懷。

沒錯，台灣可能有容納另一個政黨的空間。但要組黨，除人才與組織外，沒有錢免談。阿扁二度羈押，還有柯建銘之流對他效忠，說穿了就因為他能大把大把地撒錢的緣故。李前總統雖然有錢，被獄中的阿扁告了一狀後，正要反控誣告，不必寄予奢望。施明德一清如水，更沒有錢了。

組織能力的重要性不下於經費。施先生號召每人捐款百元的第一天，我傻裡傻氣地跑去郵局照辦，十天後總數居然超過一億元，他可說是「時勢造英雄」。但紅衫軍空有十餘位副總指揮，內部卻散漫無章，亂成一團。讓我透露一件事：我找了位有錢的「無名氏」，捐助礦泉水和蘇打餅乾各一千箱，總價近新台幣二百萬元，送到總部給我的倉庫地址，卻無人管理，最後由里長代收。厚厚的一疊原始發票和收據，至今還保存在我家裡。

李前總統當然指揮過千軍萬馬，但台灣團結聯盟如今幾乎只剩下黃昆輝祕書長一個人，獨木難支大廈。「第三勢力」縱使組成，能和第一或第二競爭嗎？我想空間始終是存在的，施李兩位恐怕還要加一把勁，才能把它填滿。

一〇二、以巴解不開的死結

（原刊九十八年一月五日《中國時報》時論廣場）

全世界都在歡欣鼓舞地迎接二〇〇九年到臨，唯有以色列與巴勒斯坦人在加薩走廊仍殺得難分難解。這是場沒有贏家、只看誰輸得更多的混戰，而且照例是猶太人穩占上風，巴勒斯坦人永遠吃虧，但也永遠不肯放棄，結果自討苦吃的鬥爭。

以色列在「六日戰爭」中占領廣達二千二百平方英里的約旦河西岸與加薩走廊已四十二年。期間新從俄羅斯及海外其他地區移民回到「祖國」的猶太裔人，總計達二十二萬人，九成以上定居在不屬於以色列，而且以國一再聲明過如簽訂和約，將予放棄的約旦河西岸。

猶太人為什麼把巴勒斯坦稱為「祖國」呢？因為根據《聖經》裡的〈出埃及記〉，他們認為那是兩千年前，摩西帶領猶太人被趕出埃及，千里跋涉來到的地方，真是天曉得。照此推理，台灣該還給高山族，日本該還給矮奴族才對。

以色列強取豪奪這些年，四百萬巴勒斯坦人淪為難民。許多家庭兩三代都在難民營裡長大，對猶太人恨不得食其肉、寢其皮。這也是以色列雖在一九九三年的《大衛營協議》中承諾歸還百分之九十七所占領的土地，耶路撒冷也可分為阿拉伯人與猶太人兩區共治，卻毫無兌現誠意的原因。

從十二月二十七日起，掌握巴勒斯坦國會的哈瑪斯 (Hamas) 以雙方停火協定滿期為詞，不斷向以色列南部發射飛彈。CNN播出過它的特派記者在空襲警報響起時，停車匍匐在車底躲避的情景。最密集時一天曾有六十餘次空襲警報，布希總統稱之為「恐怖行動」，雖略嫌過火，不能說全無道理。

世界上唯一全民皆兵的國家，只有以色列，婦女同樣要服兵役，訓練嚴格無比。猶太人精打細算，不設置軍官學校，一切在營學習。以國的情報機構 Mossad 更是聞名全球，對巴勒斯坦摸得一清二楚。九天前，以國空軍襲擊加薩走廊哈瑪斯領導人 Nizar Rayan 家，他和四位妻室和九個兒子登時同歸於盡。他家裡也藏有軍火，和其他藏匿武器的清真寺，都未能倖免。

巴勒斯坦內部非但不團結，還自相矛盾。阿巴斯總統支持巴勒斯坦解放運動，但人民投票選出的哈瑪斯黨掌握了國會，因此巴勒斯坦等於有兩個政府，互相競爭。就外交關係而言，已死的阿拉法特餘蔭猶在，阿巴斯的自治政府在聯合國雖只是觀察員，可參加辯論，只不能投票，自然略占優勢。

安理會上週也召開過緊急會議，都是空言，一事無成。為應付壓力起見，以色列女外長李夫尼 (Tzipi Livni) 上星期特別到巴黎，會晤法總統薩科齊與外長寇特耐 (Bernard Kouchner)，爭取歐盟同情與支持。相形之下，巴勒斯坦在外交上也因分裂而吃點虧，有二十二個會員國的阿拉伯聯盟除夕那天在開羅召開緊急會議，元旦的《紐約時報》說，最左傾的國家避不出席，但未點明是哪國。

出席的阿拉伯國家雖都同情巴勒斯坦，又分成兩派，沙烏地和埃及因為和以色列有邦交，又受美國影響，態度比較溫和。它們支持合法的阿巴斯 (Mahmoud Abbas，阿巴斯，巴勒斯坦自治政府新任主席) 政府和「法塔」(National Liberation Movement, Fateh，巴勒斯坦民族解放組織)。與美國不共戴天的敘利亞和伊朗則支持哈瑪斯，又成為無解的僵局。

沙烏地外交部長費沙爾親王在阿拉伯聯盟發言時，婉轉地批評巴勒斯坦人不夠團結，隱含對哈瑪斯不滿之意。阿聯祕書長穆沙則呼籲說：「我們都在同一條百孔千瘡的破船上，只有團結一致，才有免於沉沒的希望。」

聯盟各國外長最後通過一個面面俱到的提案，要求四點：㈠雙方立即停火；㈡哈瑪斯與以色列應簽署一份長期停戰協定；㈢請國際機構派遣監視部隊，以保證故事不再重演；㈣最重要的是以色列必須開放自二〇〇七年起就封閉的通往加薩的道路，讓巴勒斯坦人自由進出，平息民怨。

哈瑪斯這次與以色列開火，到今日已歷九天。落在以色列境內的飛彈有四十枚，以色列戰機空襲哈瑪斯卻有五十架次。以方受傷五十八人，死亡四人，巴勒斯坦人卻死了四百有餘，受傷者據說達二千人。如此不對等的戰爭，只顯示巴勒斯坦人的悲痛與無力感，實無繼續的必要。

陸以正觀點

【人文叢書　社會類4】

2006驚濤駭浪的一年

陸以正　著

從北韓核子試爆、卡斯楚長日將盡、布希內外交迫，到島內經濟發展的急速轉型與族群意識的逐漸消失，乃至政治力量的實質改變，前大使陸以正先生，以其長年從事外交事務的豐富經驗與獨到眼光，深入剖析國內外重大新聞事件，引領我們走過這

【人文叢書　社會類2】

從台灣看天下

陸以正　著

「國際情勢正迅速變化中，而台灣越來越追趕不上脈動，勢將難逃邊緣化的命運。」本書作者陸以正先生有鑑於此，以其長年擔任外交官的駐外經驗，對國際新聞提出種種敏銳的觀察與解讀，告訴國人：在國際情勢牽一髮而動全身的年代，我們再也不能自外於這些攸關台灣前途的世界大事！